中国人的
教养

凉月满天　著

成都时代出版社
CHENGDU TIMES PRESS

图书在版编目（CIP）数据

中国人的教养 / 凉月满天著. —— 成都：成都时代
出版社，2025.6. —— ISBN 978-7-5464-3671-5

Ⅰ．D648.3

中国国家版本馆CIP数据核字第20252BT668号

中国人的教养

ZHONGGUOREN DE JIAOYANG

凉月满天　著

出 品 人	钟　江	
责任编辑	周小彦	
责任校对	李　林	
责任印制	江　黎　陈淑雨	
封面设计	末末美书	
版式设计	范　磊	

出版发行	成都时代出版社
电　　话	（028）86785923（编辑部）
	（028）86763285（图书发行）
印　　刷	三河市众誉天成印务有限公司
规　　格	165mm×235mm
印　　张	10
字　　数	140千字
版　　次	2025年6月第1版
印　　次	2025年6月第1次印刷
印　　数	1-50000
书　　号	ISBN 978-7-5464-3671-5
定　　价	69.80元

前 言

教养是什么？简单来说，就是人们通过教育、养成而外化形成的行为举止。更直观来说，就是言行有框架、坐卧有规矩。

《荀子·修身》中说道："人无礼则不生，事无礼则不成，国家无礼则不宁。" 意思是：一个人如果行住坐卧狂放悖逆，就没有立身之处；做一件事情如果随心所欲，这件事就不能做成功；一个国家如果不讲礼仪教养，那么整个国家就会狂乱而不得安宁。

所谓"教养"，说起来有点形而上，做起来却很简单，就是要把自己的言行举止放到一个宽松但切实存在的框架里面，既有自由度，又不会没规没矩。

教养是时隐时现但时刻存在的规则：

比如在公共场合不大声喧哗；

比如吃自助餐时不乱抢乱拿；

比如朋友见面要问好；

比如人情往来要有礼有面儿……

山西永乐宫纯阳殿内有一幅大型壁画《道观斋供图》，画面上，道师们在说法，有一个书童却蹲在地上用楔形木垫桌脚——因为桌脚不平。

这块楔子叫"楂案木"，又叫"桌撒"，原本就是用来垫桌脚、平衡桌面、使桌面保持平稳的东西，南宋一首诗云："匠余留片木，楂案定欹倾。不是乖绳墨，人间地少平。"

一块小小的木头片，有了它，桌子就能稳稳当当；少了它，桌子就会摇摇晃晃。

一个人的教养外化成的种种约定俗成的行为举止，就好比这块小小的"楷案木"。人要想稳当生活，就离不开它的匡扶与挽正，虽只四两，可拨千斤。

本书即以此为抓手，从思想意识层面到微操的方式，对人的教养做了较为深入的探讨，所用既有经典例型，又有时下例证，文明长河滴滴传承，古今一脉，相因相承。请看我泱泱中华，何处没有文明的辉光。

本书共分十二章：

第一章探讨中国式"老规矩"，从实际操作的角度说明在餐桌上，什么样的行为是得体的。

第二章探讨步入社会后，如何说话才能不失风范。

第三章从做人的角度探讨如何成为一个君子。

第四章从家风的角度探讨作为家庭一员应该如何行事。

第五章依然从家庭角度出发，但聚焦于家庭中不同身份的人应该如何行事。

第六章从文化的角度鼓励大家多学习中国灿烂的古典文化，并从中获得精神滋养。

第七章从个人行为的角度探讨教养的含义。

第八章围绕尊师重教展开探讨，指出对教师而言，努力教书是最大的教养；对国家而言，尊师重教是民族的希望。

第九章探讨朋友相交时应如何行事。

第十章从修心的角度探讨如何培养心志。

第十一章倡导爱国思想，弘扬家国情怀。

第十二章探讨中国的文化教养之五常——仁义礼智信，掌握并践行这些文化密码，以提升内在修养。

本书既从高处下望，又从细处入手，用事实佐证道理，以道理解析事实，两相结合，将教养理论与实操相结合，帮助读者在日常生活中践行良好教养。

目 录

第十一章

涵养大格局，胸怀家国情怀

第十二章

仁义礼智信——中国人的教养密码

第一章

文明流传久，"中国式"老规矩体现修养

时代的车轮滚滚向前，我们要学会前后传承，相延递续。各种各样的老规矩，有的现在仍旧有用，熟悉它、运用它，也能见我中华文明一脉心香绵绵，如云如缕，不曾断绝。

第一节　餐桌是讲"礼"的地方

中国传统礼仪文化中，座次方位要依宾主、长幼等顺序来就座。到了现代，虽然少了许多繁文缛节，但是仍须讲究一二。

比如宴请之时，贵宾上座，主人下位相陪，另有陪客打横。

而且要尊重各民族饮食风俗，尤其是少数民族的饮食禁忌，先问宜忌后点菜。还要尊重客人各自的口味，先问喜好后点菜。中国幅员广阔，不同地域有不同的食风，所谓南甜北咸东辣西酸。

主宾就位之后，就要把酒言欢了。需要注意的是，有人杯酒之间能够宾主尽欢，有人杯酒之间却会结仇结怨，比如，敬酒之时，或者顺序不对，或者言语不周等，都可能导致一场酒宴的失败，酒没少喝，事却没办成，人还得罪了。

比如和领导、客户一起吃饭，理当先敬客户，因为客户是衣食父母，然后再敬领导。若是和长辈、晚辈一起吃饭，自然是先敬长辈，再敬平辈，最后再和晚辈碰杯。若是好友吃饭，身份无别，那便先敬年长者……

说到底，饮酒不是目的，是通过互相敬酒，传递内心的尊重、亲近、谢意等诸般情感，表达自己的诉求，展现自己的风采和教养。

⊙ 教养精言

历朝历代，中国人的餐桌上都是一个讲"礼"的地方。本节只不过略说一二，却可窥一斑而知全豹。而且这里的"礼"不是生搬硬套，不是硬性推行，而是天长日久，浸润在人的心里，让人一言一行、一举一动无不受其影响。

第二节　吃饭有好相儿

　　《礼记·曲礼·上》中记载了一段用餐礼仪："毋抟饭，毋放饭，毋流歠（chuò），毋咤食，毋啮骨，毋反鱼肉，毋投与狗骨。毋固获，毋扬饭。饭黍毋以箸。毋嚃（tā）羹，毋絮羹，毋刺齿，毋歠醢（hǎi）……濡肉齿决，干肉不齿决。毋嘬（chuài）炙。卒食，客自前跪，彻饭齐，以授相者。主人兴，辞于客，然后客坐。"意思是：不能把饭捏成团，吃过的饭不能放回公共食器，不能大口喝汤，吃饭时不能发出声音，不能要骨头，不要把拿起来的鱼肉再放回食器中，不能把骨头扔给狗。不能独占饭食，不能把饭掀来掀去散热气。如果吃黍米饭，不能用筷子。喝羹汤不能连汤带菜地吞，不能自己往羹里加调料，不能剔牙，不能吃肉酱……软烂的肉可以直接用牙咬，干肉不能直接用牙咬断。不能大口吃烤肉。吃完饭，客人要向席前跪坐，收拾剩下的食物交给旁边伺候的人。主人站起来，表示不用客人亲自收拾饭菜，然后来客才坐回座位。

　　如此种种。

　　总之，要显得你吃过好饭，不猴急；显得你文雅而不粗鲁，显得你懂得礼让而不贪婪；显得你礼仪良好，懂得怎样正确用餐。

　　这显然是古代社会中受过良好教育的贵族君子之家才能具备的用餐环境和能够做到的用餐礼仪，所以我们没必要完全照此奉行，但是了解一些总不错。

现代人在餐桌上，也要注意自己的吃相，不要大嗓门儿叫，不要吧唧嘴儿，不要叉着腿儿，不要斜楞眼儿，不要搅菜碟儿，不要喷饭渣儿，不要嘬牙花儿……如此种种，都是为了能够有一个和谐的用餐环境，不讨人嫌。

说到底，饮食规矩，洁净为先。所以才会格外强调如果手里拿着食物或者端着餐具，要注意屏息，尽量不对着宾客和食物、餐具大口喘气，以免让人感觉不快。若是要和身边的人说话，也要侧转过头去，不要把口水喷到身边人的食物上。

另外，虽然现在不再讲究"食不言，寝不语"，但在饭桌上说话仍旧要注意分寸。比如，不能乱开屎尿屁之类的玩笑，不说荤段子，不说肉麻的话，搞笑也不能过分，以防万一大笑，食物呛进气管。还有，在外面吃饭时，虽然不至于要把嘴巴收束得像眼药水瓶口那样小，也不要把嘴巴张得大大的，那样十分不雅。比这更不雅的是胡吃海塞的那种饕餮式吃法，就像现在有些"吃播"一样，为了猎奇，无所不吃之外，还狼吞虎咽，好似"饕口馋舌"，这样的吃相，要尽量避免。

⊙ **教养精言**

古代的礼仪确实有些繁复，所以没必要一切奉行；但是也有值得借鉴的地方。所以，我们在吃饭时，要注意自己的吃相。吃相好的人，更容易获得他人的好感；若吃相不好，容易损害自己的形象。

第三节　看人下菜碟儿

"东道主"一词出自《左传·僖公三十年》，原话是："若舍郑以为东道主，行李之往来，共其乏困，君亦无所害。"意思是：秦国如果放弃围攻郑国，而是把郑国当成东方道路上的主人，那么将来秦国有使者往来，郑国可以随时供给他们所缺乏的物资，这样对秦国只有好处而没有害处。

后来这个"东道主"就泛指招待客人的主人家。我们现代人请客时，谁出钱，谁做东，谁就是东道主。

出席酒宴，要搞清楚谁是东道主，这顿饭的主题是什么，以免吃了喝了，却不知道吃的是谁的、喝的是谁的，也不知道记谁的情分。

而作为东道主，既然确定了来客，就要把来客的座次安排好。若是家宴，大概以年龄和辈分依长幼顺序而坐；若是私人宴请，仍旧按年龄和辈分安排座位；若是商务宴请，正常情况下，以职务高低安排座位。

到了点菜这一环节，按照规矩，是主人请客，客人点菜。若是客人谦让不肯，仍旧由主人代劳，那么主人就要看席上客人的年龄、性别、地域、民族等，因人而异地点菜。比如给老者点菜，要点火候足而软烂的菜品；给女性点菜，点一两道甜食使女性朋友解颐；给小朋友点菜，点一些时新的菜式博他们欢笑；若是给壮年人点菜，那硬菜必不可少，否则吃不饱。另外，各人自有口味，有人不吃甜的，有人不吃辣的，有人不吃酸的，有人吃海鲜过敏，有人不喜油腻的食物……如此种种，要尽量都照顾到。

菜品最好低、中、高档兼而有之。若全部是低档菜，似乎显得吝啬、缺乏诚意，容易使客人误会；若全部是高档菜，钱包又承受不起。总之，既有压桌的小凉菜，又有饭店的一两样招牌菜，再搭配几个平常价位的菜品，便能交代得过去。

> ⊙ **教养精言**
>
> "看人下菜碟"的引申之意为见人说人话、见鬼说鬼话，是带有贬义的俗语。但它的真实含义是在请客时，要根据客人的实际情况来选择菜品，以求客人有宾至如归之感，以求宴席宾主尽欢。

第四节　宴席有始终

饭桌如行文，有主题，有进程，有结尾，有余韵。

不管是哪种类型的宴席，都有一个主题，或者接风，或者送行，或者恭贺乔迁，或者庆祝开业，或者新婚满月，或者求人办事，或者应答酬谢。如此种种，不一而足。

正式开席之前，要有一个致辞，点明主题的同时，对来宾表达感谢。这种致辞配合着场合和氛围，可庄重，可随意，灵活掌握，灵活应对，总之以宾主尽欢为目的。

饭桌上第一个动筷子的人，也是有一定讲究的，或最年长者，或最有威望者，等等。自然，被邀请第一个动筷子的人，也应当推让些许，否则会被人视为不识礼数。

当第一个人动了筷子之后，大家便可开动热闹起来，吃菜饮酒，戏谑谈笑，不一而足。就好比文章开了头，下面就要大家一起创作起来。

在行文过程也就是吃饭饮酒的过程中，要注意不要喧宾夺主。几杯酒下肚，旁若无人，高喉咙大嗓门，滔滔不绝，压制得一桌人都只能听你的，这就不好了。

当然，若是大家都在热络地吃饭、互相敬酒、交谈，而你在一个角落里孤僻地玩手机，就显得格外不合群。若是一桌人都在玩手机，对于请客的主人来说会是一个不小的打击，既显得主人招待不周，也显得自己十分不懂事。所以到了座位上，或者把手机反扣，或者干脆收进包里，若是接听电话，也不要在座位上大大咧咧地接听，而是起身避席，方为得体。

吃饭剔牙虽无可厚非，但也要注意，不能毫无顾忌。剔牙时可以一手持牙签，一手遮口，做一下遮掩，或者略略背转身去。

天下无不散的筵席，到了该散席的时候，不能起身就走，要等人"发号施令"。而这发号施令的人，就是做东的主人或者筵席的主事人。

主人觉得大家吃得已经尽兴，喝得也满足，便可以致词感谢大家光临，然后提议结束，于是大家纷纷起身。

不过，散席之后，客人先行离开，主人则要留下收尾。但是客人离场之前，应向主人家道一声"辛苦"，方算全了始终。若是大大咧咧扬长而去，落在主人家眼里，可能显得有些失礼。

而主人一般情况下会候在门口，向来宾一一道别，而不是让客人自行离去，否则等着向主人道别的客人们定会瞠目结舌。若有那腿脚不灵便或者路远的客人，还需要等主人安置。直到客人散尽了，主人的心才能放松下来。

> **⊙ 教养精言**
>
> 无论是自己张罗宴席，还是出席宴请，都要讲究礼节，纵然不能面面俱到，也要尽力做到不失礼。而且现代社会已经解开了烦琐的礼仪桎梏，至今仍然延续下来的这些外化的礼数，不过是代表对人的尊重罢了，如果这些都无法做到，显然是不合适的。

第五节　会客有小忌

有客上门或者登门拜客，都要有章有法，不能任性胡为，显得家无教养、人无修养。

就如丰子恺教导孩子时说的："客人来了，要热情招待。要主动给客人倒茶、添饭，而且一定要双手捧上，不能用一只手。如果用一只手给客人端茶、送饭，就好像是皇上给臣子赏赐，又好像是父母给小孩子喝水、吃饭。这是非常不恭敬的。"

总之，只要不是恶客登门，那么，皆须保持热情和尊重。若对方是长辈，态度要恭敬；若对方是晚辈，态度要亲热；若是平辈之间，则尊重和亲热兼有。

而在双方就座交谈之时，除非熟不拘礼，否则不要做出一些不雅的小举动，比如：歪头掏耳朵，抠鼻剔牙，或者心不在焉，拿着指甲刀剪指甲，甚至左歪右扭地挠痒痒，或是坐着发愣，要不就是左顾右盼。

这些虽然都是生活细节，却反映出会客之时自己的心情和精神状态，以及对对方的态度。如果既不能待之以礼，又不能待之以诚，那么这样的社交不如没有，不注意会客禁忌很容易得罪人。

⊙ **教养精言**

无论是登门拜客还是在家会客，除非恶客上门，否则就要显示出自己的热情和诚意；而真心诚意如果不外化的话，对方的感受就不会太明显，外化的手段则隐藏在这些小小的细节之中。

第六节　筷子头上有"讲儿"

筷子的历史可以追溯到商代，原来被称为"挟"，后来被称为"箸"，再后来被称为"筷"。

筷子的形状通常为上方下圆，据说既寓意着天圆地方，也代表人立身处世的态度要有方有圆。手持筷子时，手指的摆放位置也体现了天、地、人三才之象；古时的筷子长为七寸，圆为六分，代表人有七情六欲。

到了现在，筷子的长度、材质、形质已经没有那么多烦琐的讲究，有长筷、短筷、竹筷、木筷、铁筷，如此种种，不一而足，一切以实用为主。

明代诗人程良规有一首《咏竹箸》诗："殷勤问竹箸，甘苦乐先尝。滋味他人好，尔空来往忙。"这是在调侃筷子作为工具忙碌半天，好滋味却是满足了别人的口腹，自己空忙一场。

虽是空忙，筷子头上有时却关乎前程性命。

明代徐祯卿的作品中，记载了朱元璋有次请客的事情：

明初，朱元璋请翰林应奉唐肃吃饭，唐肃吃完之后"拱箸致恭"，具体是怎样的动作，后人猜测纷纷，总之是朱元璋觉得不太恰当的礼节。于是朱元璋问唐肃这是什么意思，唐肃说这是他小的时候学的俗礼。朱元璋说："俗礼可施之天子乎？"即民间礼节怎可用在天子身上？于是唐肃以大不敬之罪被贬，最后还死在路上。

一双筷子竟然能毁人前程，能断人性命，岂可不慎哉？

中国人对筷子的用法讲究颇多，即使到了现代，虽说不至于影响人的前程和性命，但也是需要注意筷子的用法的。

比如到了餐桌上，菜迟迟不上，有些心急的人就会拿筷子敲得盘子或碗叮当响，虽然起着催菜的效果，却显得自己格外没耐心没教养。如果家里大人是讲究老礼儿的，可能还会给敲盘子或碗的人一巴掌，因为用筷子敲盘子或碗是叫花子才干的营生。

当桌子上摆满了菜，有的人就喜欢用嘴巴吮一吮筷子尖儿，然后用眼睛睃瞄，像是给每道菜相相面，然后试试这道菜觉得不对，试试那道菜觉得不合心，举着筷子在盘子上面跟巡游似的。甚至还有更不讲究的，先在这个盘子里翻翻，再在那个盘子里翻翻，跟翻稻草一样，非常不文雅。

更过分的是明明已经拿筷子夹了菜要往嘴里送了，结果半路上又把菜送回盘子里去了，然后夹别的菜；甚至是夹了菜咬了一半，觉得味儿不好，又把菜送回原来的盘子里，再去夹别的菜。经常有人在网上抱怨别的同席饮食者不礼貌的夹菜行为。所以无论是在家里吃饭还是在外面吃饭，最好一人面前放一个布碟儿，自己夹了又不想吃的菜就放在布碟儿里。

有时候看影视剧里吃饭的场景，有人故作粗犷豪迈，拿筷子往炖得酥烂的牛羊鸡鸭肉上面一插，跟啃馒头一样大口咬着，满嘴流油。这样实属演绎过头，平时用餐当忌。

还有一种情况，是菜肴汤汁多，用筷子夹菜往嘴边送的时候汁水淋漓，甚至搞得满桌子乌七八糟。这种情况下，建议一手持筷，一手用碗或者布碟儿接着，最不济也要一手持筷夹菜，一手成掌接着一点儿，也显得讲究一点儿。

另外，有一种很失礼的做法是持筷指人，显得特别嚣张；有一种很忌讳的做法是把筷子竖插在米饭中间——那是给逝者用的礼数。

⊙ 教养精言

筷子的讲究融入一日三餐，承载的是中国数千年的礼仪文化和处世哲学，不能轻忽。从某些方面说，执筷的礼仪掌握好了，才更显得我们讲礼貌、有素质，更受人尊重。

第七节　饮酒不闹

中国人经常喝茶交友，喝酒应酬，而"应酬"这个词，也由来已久。所谓"献酬交错"，语出《诗经·小雅·楚茨》，郑玄的注解是："始主人酌宾为献，宾既酌主人，主人又自饮酌宾曰酬。"即主人先敬客人一杯酒曰"献"，然后客人回敬主人一杯曰"酢"，主人再回敬客人一杯曰"酬"。这样一往一来，即为"酬酢"，渐渐就变成了现在的"应酬"。可见凡有应酬，几乎无酒不欢。

而饮酒的道道儿可就多了。

不同于给客人倒茶时茶要七八分满，倒酒时则讲究十成满，正所谓"酒满心诚"。如果只倒七八分满，好像显得舍不得让客人喝够、喝好、喝尽兴似的。

——毕竟在古代，酒是用粮食酿造的，而在生产力低下的时代，粮食产量极低，再用来酿酒，越发显得酒之昂贵难得。

比如敬酒之时，要先干为敬。这表示敬酒的人有诚意。

而若是年轻者向年长者敬酒，或者职位低者向职位高者敬酒，注意杯身不要高于对方的杯身。

而若是约定干杯，那便真要喝干，否则便要被罚酒。《说苑·善说》里讲了一个故事：

魏文侯与众臣子饮酒，让公乘不仁监酒，并约定："谁饮酒没有饮尽的，罚他满饮一大杯。"到了魏文侯饮酒时没有饮尽，公乘不仁便满酌一大杯奉给文侯以作罚酒。

有人说古人太较真儿，其实不是，口出成诺，既说干杯，怎么能不干杯呢？即便是在现代，如果约定干杯而不干杯，也是比较失礼的举动，若是有特殊原因不能多喝酒，那就应该提前说明情况。

参加酒局，一般时间、地点已经定好，是不宜迟到的。如果万一因事耽误而迟到，需要先跟参加聚会的人打招呼"请假"，请人先动筷子，以免大家对着一桌子酒菜只等你一人，人家心里生怨，你心里也不落忍。

及至赶到，主动自罚三杯。若是不胜酒力或者不能喝酒，那就把话说到，哪怕以茶代酒呢，也可以表达歉意与敬意。

早些年喝酒讲究劝酒，而且是死劝活劝、不喝不行的那种劝。说起来，酒桌上的劝酒词真是一套一套的：

"杯中酒，酒中情，杯杯都是真感情"；

"感情深，一口闷；感情浅，舔一舔"；

"今日相逢即是缘，美酒共饮庆团圆"；

……

结果喝酒喝多了导致身体出问题的，甚至因喝酒引发交通事故的，层出不穷。

现在随着社会文明程度的提高，这种罔顾对方酒量和身体情况而死乞白赖劝人喝酒的情况已经很少见了。说到底，饮酒讲究量力而饮，不可因酒而生祸端，此为大善。

> ⊙ **教养精言**
>
> 中国的酒文化历史悠久，历史上因酒出名的大有人在；但是，饮酒勿过量，劝酒勿过头，过量易伤身，过头易招祸。酒桌上也不可放浪形骸，基本的礼仪教养需要保持。

第八节 敬茶贵真

中国的茶文化历史源远流长。唐代诗人卢仝作《走笔谢孟谏议寄新茶》诗："一碗喉吻润，两碗破孤闷。三碗搜枯肠，唯有文字五千卷。四碗发轻汗，平生不平事，尽向毛孔散。五碗肌骨清，六碗通仙灵。七碗吃不得也，唯觉两腋习习清风生。"

百姓人家说喝茶，雅致人物说饮茶，茶道中人说品茶，开门七件事，柴米油盐酱醋茶。茶，俯有下里巴人的市场，仰有阳春白雪的天堂。

茶本身即为清雅物事，和绿窗、明月、松风、清露、瑶草、琪花一个等次。一杯清茶讲究颇多。

首先，喝茶要有喝茶的环境。

宋人杜耒有诗《寒夜》："寒夜客来茶当酒，竹炉汤沸火初红。寻常一样窗前月，才有梅花便不同。"

冬天的夜晚，有佳客登门。以茶代酒，吩咐小童煮茗。炉中火苗开始变红，水已在壶里沸腾。月光照射在窗前，不过是寻常景象，可是因为有窗前数枝梅花开放，花影临窗，散发幽香，便使得今夜月色与往日格外不同。

宋代人的茶室布置非常有特色，宛若淡雅的水墨画卷，缓缓铺展于山水之间，静候着每一位寻幽探秘的旅人。

木质家具的温润触感，似乎在诉说着岁月的故事。桌案、床榻、罗汉桌，或沉稳凝重，或轻盈灵动，与周遭的自然景致交相辉映。

书画诗词挂于壁上，盆景花卉点缀其间，瓷器茶具造型独特、纹理细腻，这一切无不诠释着宋代茶文化的博大精深。

宋代茶室，既如一首无言的诗，又似一幅流动的画，它不仅供人品茗，更令人休憩心灵。

茶室的一切布置，都是为了让人把烦嚣摒到世外，把从容的心境从头安排。

其次，喝茶要有好的喝茶对象。一杯清茶，有三品之乐：独品得神，对品得趣，众品得慧。只不过独品过于冷清，许多人一起品茶过于喧闹，最理想的境界是二人对品，或者数人静坐而饮，不仅得其趣味，更得友情滋润。

当然，最重要的，则是请人饮茶时的一颗真心。毕竟不是谁都能把茶道学得精通。

冬日的午后，阳光透过稀疏的云层，洒在雅致的茶室里。茶室中央，一只古朴的炉子静静地燃烧着，一壶清水正咕嘟咕嘟冒着泡，那是即将煮开的茶水。

朋友们围坐一圈，或手持茶杯，或轻拨炉火，偶尔相视一笑，不必多言，那份默契与亲密便已溢于言表。茶香在空气中弥漫，带着淡淡的甘甜与清香，仿佛能洗净心灵的尘埃，让人的心境变得宁静而平和。

围炉煮茶，让时间仿佛变得缓慢而悠长。在这里，没有尘世的喧嚣与纷扰，大家一边品茗，一边分享着彼此的故事与感悟，或是对生活的点滴感慨，或是对未来的美好憧憬，每一个话题都能引发共鸣，让彼此的心更加贴近。

在这个快节奏的时代里，能够抽出时间，邀三两知己围炉而坐，品茶谈天，无疑是一种难得的幸福与享受。尤其是请人品茶的这份心意，比高超的点茶技术更难能可贵。

⊙ 教养精言

中国的茶文化博大精深，现在更是深受人们喜爱。多懂一些奉茶、敬茶之礼，可以和朋友联络感情，可以和亲人加深理解，可以成为连接人与人心灵的散发馨香的纽带。

第二章

场面上会说话，让人怡然自得

　　说话人人都会，但未必人人会说。场面上行走，有人一句话说得人笑，有人一句话说得人跳，这里头的学问可大了。关系能不能处好、事情能不能办成，有时候就在于口头上的一句句场面话。

第一节　初次见面，请多关照

人际交往讲究当场面人、做场面事、说场面话。所谓"场面"，就是"外场"的意思，就是和人打交道的时候，能够把话说得好听，把事办得周到，把人做得到位。

初次见面，第一印象很重要。把话说得好听是初次见面的第一要务。会说话的人一句话让人笑，不会说话的人一句话让人跳。

和陌生人打招呼的时候，如果用"喂""嘿""你"等种种不礼貌的用语，多半不会招来什么好感和好回敬，而"您好""不好意思，打扰一下""冒昧问一下"等使用了敬称的话，就会让人回以彬彬有礼的言谈。

另外还有一个简单的规则，就是"逢人减岁，遇物加钱"。如果有人问："你看我多大岁数了？"那就尽量往小的岁数上说，尤其遇到女士，年龄小的叫"小妹"，年龄大的称呼"姐"，或者统称"女士"，可不兴逮着人就叫"大妈""大姨""大姐"的，万一人家比你岁数小呢？就算比你岁数大，听见这话心里也可能不开心。

若是有人问："你看我这包多少钱？"那就尽量往大的数字上靠，以此夸对方有经济实力。如果对方高兴地说："哎呀，你说得不对，我这个包才多少多少钱。"你就要惊讶回应："是吗？那可真看不出来，实在是又好看又上档次，你可真会买东西呀！"

有人也许会斥之为虚伪，但这算是一种人际交往的润滑剂吧，无伤大雅的事情，主客尽欢岂不更好？

若想表示亲切，还可以用我们传统的打招呼方式："吃了吗？"或者就天气寒暄一番："今儿风可真大"，"那可不，电线杆子都要刮倒了。"如此种种，看似毫无营养，实则大有用处。

当谈话渐渐深入，就可以攀亲道故了，你说你是我七大姑八大姨家的表舅家的二儿子的堂兄弟，我说我是你们村往北拐八十里地的某某屯……从亲缘关系或者地缘关系上入手来拉近彼此关系，效果立竿见影。

当然，若是事先做过功课，知道今天要面对的是什么人，并且见面之时一口道破对方的身份、成就或者最引以为傲之事，会更迅捷地拉近彼此关系。

⊙ 教养精言

见什么人说什么话，到什么山上唱什么歌。初次见面的人，需要靠场面话充当润滑剂，先让陌生人之间消除显而易见的隔阂，降低心防，这样才能够为后面的交流打下基础，打开通道。

第二节 饭桌之上，左右逢源

请客吃饭其实就是做场面，一定要见人下菜碟，所以需要知道客人的喜好。有那爱茶的，便以茶道待之；有那好酒的，就以好酒待之；有那爱诗词歌赋的，席间不妨吟诗作赋；有那喜欢走南闯北的，席间不妨说一些逸闻趣事；有那喜欢谈论尖端科学的，主人家也要能对前沿科技说得上一嘴两嘴。

不过，有一点需要注意，会说话不等于多说话，滔滔不绝地抢话头也惹人厌恶。

若是你负责点菜，便要照顾到不同人的不同口味，包括不同年龄、不同性别、不同层级；而在举箸和举杯的时候也要讲究仪态，不能粗鲁无礼。饭桌之上，讲究的是一个左右逢源、周到细致，要仪态端庄、规规矩矩。

虽然饭局上不仅仅是吃，甚至吃只不过是点缀，更多的是用来交流感情，但是，仍旧离不开一个"吃"字。中国人对吃很有研究且喜爱美食，这简直是中国人的文化密码。那么，谈论美食就是一个很好的话题。

美食家蔡澜曾这样说："吃的文化，是交朋友的最好武器，你和宁波人谈起鳝糊、黄泥螺、臭冬瓜，他们会大为兴奋；你和香港人讲到云吞，他们一定知道哪一家做得好吃。"

那么，遇川蜀人士而聊川菜，遇东北人士而聊烧烤，遇北京人士聊北京烤鸭，遇山西人士聊山西老陈醋……看起来都是一些微末的小话题，却是拉近双方关系的好方式。

饭局收尾，感谢亲朋好友大驾光临，强调这次"不算一回"，下次再聚之后，大家宾主尽欢，才算圆满。

⊙ 教养精言

在现代人的社会交往中，饭局是避免不了的方式。一场饭局吃出人情世故，一句句场面话说出人情来往。个中玄妙，需要多做研究，方能精细把握。无论怎样，态度都要郑重，不能轻浮以待，以免得罪人而不自知。

第三节 亲友交际也需要场面话

"良言一句三冬暖，恶语伤人六月寒。"这句话同样适用于和亲朋好友之间的交流。

现在网上有不少人在感叹和父母一起旅游的苦恼，你带他们游玩，他们不是抱怨太热、太冷，就是太累；你给他们买东西，他们不是嫌弃东西不好，就是抱怨东西太贵，还要批评你乱花钱。

也有朋友在社交媒体上分享和父母亲人一起出行的愉快体验：你带他们游玩，他们玩得兴致勃勃，超开心，并且说下次还来；你给他们买东西，他们开开心心地收下，并且在亲朋好友面前"炫耀"一番。显然，后者比前者氛围好。

所以，哪怕是至爱亲朋之间，一些场面事得做，一些场面话得说，一味直通通地表达，可能会伤感情。为什么有的人和自己的父母无话不谈？因为父母会给他们包容、接受、赞赏；为什么有的人无论什么事都对父母闭口不谈？因为父母对他们总是怀疑、讽刺、打击。打击到最后，孩子和父母亲人渐行渐远，直到走得影子都看不见，父母才惊觉自己失去了什么……

这种情况可以套用在夫妻、情侣、朋友等一切亲密关系上面。纵使再亲密的关系，也会被冷漠、敌对、冷言冷语和恶言恶语拆散。所以，不要觉得太熟悉了，就可以"熟不拘礼"——场面话仍然是要说的，场面事仍然是要做的。

当然，光说场面话、光做场面事还不够，也要干实事、重成效。凡事仅流于表面，是无法深入人心的。

⊙ **教养精言**

纵然亲朋好友之间需要知无不言、言无不尽，但是不等于说话做事毫不讲究方式方法，胡同里赶猪——直来直去。作为中国人，崇礼尚德早已成为本能，融进骨血，即使是再亲密的关系，也要讲究合适的态度、方式和距离。多赞美，批评的时候讲究方式，记得多给彼此留面子。

第四节　拒绝也要讲方式

生活中很重要的一课是学会拒绝。

如果是陌生人向自己求助，而自己力不能及，或者对于求助者心存疑虑，要学会说"不"。如果是朋友向自己求助，而自己不愿意或者力不能及，也要学会说"不"。同理，如果是亲戚向自己求助，自己不愿意或者力不能及，也要学会说"不"。

只不过，说"不"也有说"不"的方法，不能一概生硬拒绝，以免伤和气、伤感情。起码心中要有一定的预案：如果是有人来借钱，而你不想借，可以推说爱人不让借，或者刚把钱借给亲戚、刚买了房等；若是有人拉你一起创业而你不看好、不愿意，也可以照此办理，把锅甩给爱人或者父母等至亲之人，他们会很乐意替你挡雷⋯⋯

若是与人谈论某个问题而你不同意对方的观点，也不必怕伤和气而违心附和，笑着反驳也是可以的："我觉得您的观点也挺有道理，不过这个事情我是这样看的，您听听对不对……"

甚至有的人会因为自己的特长而招来麻烦，有人请帮着修图的，有人请帮着买车买房的，有人请帮着搞设计的，有人请帮着补课的，有人请帮着改论文的，甚至有人请帮着收留拐着弯的亲戚来家里住的……

像这种情况，除了明确拒绝之外，还可以运用拖字诀："十分抱歉，这段时间太忙了，以后有时间再说吧。"聪明人能够感知到你的"信号"，就不会再麻烦你了。

作家史铁生生前怕听敲门声，因为重病在身，而写作的时间很珍贵。于是他就用写字条的方式来表达自己对于被打扰的拒绝。他在门上贴了一张"来客须知"："史铁生不接受任何记者采访；史铁生听到有人叫他老师就想睡觉。他谈话时间长了会气短，气短就会发烧、失眠，发烧、失眠就可能一命呜呼。史铁生还想多活几年，看看大好日子。"

这样一来，能忍心打扰他的人就会很少，而且不会心生怨怼。

虽然我们都在坚持做自己，包括拒绝别人不合理的请求或要求，但是，我们仍旧可以用一种比较温和的方式来表达自己的态度，以免为自己处处树敌。

⊙ 教养精言

生活中总会面对自己不愿意答应的事情和不合理的要求，我们有权利拒绝，不过拒绝也要讲究一点方式方法，婉转得体地表明自己的态度，以保全自己的利益的同时，又不影响自己和他人的相处。

第五节　言语有味，面目可亲

中国人多礼多揖让，这是几千年留下来的传统，也是中国文明的象征。剔除掉那些烦冗的、没必要的礼节之外，该说的话要说，该有的礼要有，所谓"话到礼到人情到"。

比如说，若是跟长辈、跟领导出门，上下台阶时，尽量要搀一把、说一句"慢点儿，小心点儿"。替对方拎拎包、开开车门等，都是题中应有之义。

另外，如果数人聚谈，而挨得近的两个人，尽量避免咬耳朵、说小话儿，嘀嘀咕咕——尤其是眼睛看着在座某人而嘀嘀咕咕，很容易招人反感和误会，觉得你是在胡乱议论中伤他人。网上流传的小视频里，有些人就是这么干的，让人看了都觉得不寒而栗，感觉隔着屏幕都被他们"箭射膝盖"。

据说，宋朝官帽后边的两根翅本来是没有那么长的，结果文武官员上殿之时仨一群俩一伙地说小话，凑在一起咬耳朵，宋太祖赵匡胤一方面气他们不遵守纪律，一方面疑心他们在瞎议论自己，一气之下就下旨把官帽的翅加得长长的，长到夸张的程度，这下子看你们再怎么凑一堆瞎嘀咕。咱们现在看到的以宋朝为背景拍摄的古装剧里面，官员戴的官帽的翅就特别长——不长不是宋朝人。可见就是皇帝也扛不住人们瞎嘀咕。

⊙ **教养精言**

数人同行同坐，讲究行动有礼，言语有味，面目可亲。切不可桀骜不驯，或是眼高手低，对需要随手相助的小忙视而不见，冷漠地扮演独行侠；也切不可背后嘀嘀咕咕，让人觉得你不够光明磊落。

第六节　不幽默可以，但不要毒舌

不是每个人都有幽默的天分，所以不强求你学会幽默；但是，至少不要毒舌。

毒舌的杀伤力不亚于利刃，极易刺伤他人的自尊。比如，有人评价别人的婚纱照："摄影师连眼纹都没给你修，显得你好老。"说完还端详一下对方，接着说出更过分的话："不对，你这眼纹太深了，确实不好修，不能怪人家摄影师。"再比如，有的家长毒舌自家孩子："干啥啥不行，闯祸你最行。"像这样的毒舌言论，说的人自以为直率，实际上暴露了对他人感受的漠视，何必非要这样说话？

"与人善言，暖于布帛；伤人以言，深于矛戟。"我们在人际交往中，可以不幽默，但起码要保持尊重。与其用毒舌去挑剔别人，逞一时口舌之快，不如用温暖的语言传递友善，拉近彼此的距离。要知道，语言的温度，往往决定了关系的深度。

⊙ **教养精言**

当处于关系敌对的位置时，毒舌可以理解为战斗力强；但是在正常的社交中，如果把毒舌当成幽默，那就错了。若是面对弱势群体还一味拿毒舌当幽默，那就更应当谴责这样的毒舌行为了。

第三章

好做派，好习惯，好教养

　　做人当勤勉，自奉当俭约，行事当有度，不酗酒、不贪财、不谄上、不媚下……如此种种，如能做到，当称君子，是为好做派、好习惯、好教养。

第一节　黎明即起，洒扫庭除

生活中的许多教养，是从父母长辈身上传承而来的。

诸葛亮在《诫子书》中教育自己的后代勤学励志，修身养性，淡泊明志，宁静致远。除此之外，朱柏庐有《治家格言》，即有名的《朱子家训》，曾国藩有《曾国藩家书》，梁启超有《梁启超家书》，傅雷有《傅雷家书》……

在传承后世的家书范本中，我们可以从中弃其糟粕，汲其营养，做到世事洞明、人情练达，为人处世当可少些坎坷、多些顺畅。

《朱子家训》的第一句即："黎明即起，洒扫庭除。"

东汉有位名臣叫陈蕃，字仲举。陈蕃少年时，不太讲究个人卫生，房间内外都乱得不成样子。

陈蕃父亲的朋友薛勤有天来陈家拜访，看到陈蕃的房间杂乱，书本丢得到处都是，衣服鞋帽堆得乱七八糟，书本、尺子、笔墨横七竖八，书桌上墨迹斑斑。墙角扫帚倒竖，地面灰尘斑驳。

薛勤就问陈蕃为什么不收拾一下，陈蕃却说：大丈夫居于天地之间，当以扫除天下为己任，怎么能做打扫房间这种鸡毛蒜皮的小事呢？

宋代诗人杨万里对此评价道："仲举高谈亦壮哉，白头狼狈只堪哀。枉教一室尘如积，天下何曾扫得来。"

即使胸怀大志，也应从身边的点滴小事做起。如果连打扫房间这样的小事都不愿做，又如何能做好"扫除天下"这样的大事呢？

"黎明即起，洒扫庭除"既能培养勤勉健康的生活习惯，又能保持干净整洁的居住环境，更有利于我们全身心投入读书学习。

相比于古人，我们现在可以借助很多家用电器来节省人力，已经很方便了。有一个干净清爽的环境，我们会更加心明眼亮、心情舒畅，学习和做事的效率也会更高。

⊙ **教养精言**

"黎明即起，洒扫庭除"这句出自《朱子家训》的格言是以农耕文明时代为背景的，现在虽不至于刻板遵守，但是，它体现出的生活态度仍旧值得我们重视。当起则起，起则勤勉整洁。新的一天，干干净净、整整齐齐地开始，自然令人心旷神怡。

第二节　一粥一饭，当思来之不易

"赤日炎炎似火烧，野田禾稻半枯焦。农夫心内如汤煮，公子王孙把扇摇。"自古以来，农民稼穑艰难，而公子王孙却仗着身份地位的高贵肆意糟蹋粮食。

唐代小说里记录了一个故事：唐僖宗时，李使君辞官而归，住在东都洛阳。为感谢当年一位乡贤的旧恩，李使君想宴请这位乡贤的几个儿子。

李使君和洛阳一个叫圣刚的和尚熟识，就把自己的打算告诉了圣刚和尚。

圣刚和尚说："我经常出入他们家，据我观察，他们家非山珍海味

29

不吃，哪怕平日里吃饭都是要吃炭火锅的，而且一边吃一边挑三拣四。由此可知，他们家骄奢成性。你请他们吃饭，必定落不了好。"

李使君回答："他们若是要吃特别珍稀的食物，我确实弄不来；若是他们想要吃得精致，这个倒不难。"于是他四处搜罗食材，又让妻子儿女亲自下厨调味，终于准备了一桌奢华的筵席，将乡贤家的几个儿子请了过来。

这几人来了之后，依次入座，不苟言笑，每道菜上来，他们都不肯动筷子，哪怕是主人家再三再四地请让，他们也只是稍微吃上一点干鲜果子而已。主人家招待他们吃冰餐，他们勉为其难地用匙舀一点送进嘴里，然后互相对视，表情个顶个难受得要死。

李使君十分尴尬，为自己家的饭菜不合贵客的口味而惭愧。

第二天，圣刚和尚来了，李使君向他大倒苦水。

后来，圣刚和尚到了乡贤家里，问乡贤家那几个儿子，当日筵席也说得上丰盛洁净，为什么他们不肯稍微吃上一点呢？那几人面面相觑，说："因为没有一道菜好吃啊！"

圣刚和尚又问："别的菜不好吃也就算了，难道连炭火锅也不好吃吗？"

那几人说："凡是吃火锅，必须先将炭火烧透了，这叫炼炭，然后才能煮菜，否则就会有炭烟。李使君家做火锅用的炭没有经过炼烧，一个劲儿往外冒炭烟，我们根本吃不下。"

后来，黄巢率领军队攻占洛阳，权贵富人家被抢掠一空。乡贤家那几个儿子和圣刚和尚一同逃进深山，三天粒米未食。

等到黄巢的部队稍稍远去，他们和圣刚和尚一同徒步去河桥，路上见一家小饭铺用仅脱去皮壳的糙米做饭来卖。圣刚和尚身上还有几百文钱，就买了些糙米饭，盛在一只脏旧的土杯里面，跟乡贤家的几个儿子一块儿吃，那几人狼吞虎咽。

圣刚和尚笑着问道："这糙米饭不是经过炼炭的火锅，几位郎君还吃得满意吗？"那几人万分羞愧，低头无法作答。

⊙ **教养精言**

据说很久以前，天上的神令地下的麦子长得如同一棵棵大树那般茁壮，于是天下万民不缺粮食。有一日天神到人间巡行，发现有一个农妇居然用白面饼给孩子擦屁股，于是一怒之下改了规矩，令麦株从今以后只结一穗，且不时有天灾降临。可见糟蹋粮食是多么严重的事。所以我们要谨记：一粥一饭，当思来之不易；半丝半缕，恒念物力维艰。

第三节　粮乃国之根本

国家能够和平、稳定地发展，根基在于人人能够吃饱饭。人心安定，方能努力向前，否则恐生变乱，甚至引发山呼海啸。所以粮食是一国之根本，不容浪费。

网上有个视频是这样的：一个教官手里捧着被学生倒掉的米饭，气愤地说："大概有三名同学，拿着饭碗，'啪'就倒进（垃圾桶）去了。汶川地震时，部队发给我两包方便面，要求急行军六天救灾民。途中没有吃的了，硬饿！心里就一个执念——多救一个人！我那时候可想这碗大米饭了。

"孩子，你知道你的父母在没有工作的情况下，是怎么给你掏这个伙食费的吗？这是粮食，人之根本。

"我希望大家以后珍惜粮食，真的吃不了，就不要打那么多。没有管好（你们）是我的错。"教官一边说着，一边把捧在手里的米饭大口大口填进嘴里，"粮，国之根本。也许可能经历过以后，你们才能更懂得珍惜粮食。我希望大家永远记住今天这一幕，珍惜粮食。"

视频下面有网友们的评论：

"一粥一饭，当思来之不易；半丝半缕，恒念物力维艰。《朱子家训》应该设为小学课程的一部分。"

"从小爷爷就教育我不能浪费粮食，饭碗里不能剩一粒米，我现在也是这样教育我的孩子。粮食是国之根本。"

"对不起，我以后不会再浪费粮食了。"

"（我是）东北长大的，基本没有粮荒的恐慌感。但是疫情确实教育了我。从那之后，我是吃多少做多少，可以没吃饱，但不能浪费。自己家去餐厅吃饭也尽量不剩，如果剩了就打包。"

"我从来不浪费粮食，因为我觉得我没资格……"

"珍惜粮食是小辈们必须上的第一课，不是我们粮食多，是国家和人民子弟兵还有科学家的努力才给我们争取来的。"

⊙ 教养精言

我们国家的今天是老一辈革命先烈用生命换来的，是新一代建设者和千千万万普通劳动者共同奋斗而来的。我们终于不再挨饿，但千万不能忘记粮食乃国之根本。有些孩子对粮食已经没有爱惜之心，这是非常不应该的。

第四节 自奉必须俭约

《朱子家训》中说："自奉必须俭约，宴客切勿流连。"意思是：自己的生活一定要坚持勤俭节约，宴请宾客时也不要花天酒地、流连忘返。提倡的是简单、朴实的生活方式，这种生活方式对身处管理岗位的人而言尤其重要。

春秋时代，季文子在鲁国为官三十多年，他不仅个人穿衣只求朴素整洁，而且要求他的妻妾也不穿绸衣。每次外出，他所乘坐的车马也极其简单。

有个叫仲孙佗的人就劝季文子说："你身为上卿，德高望重，但听说你在家里不准妻妾穿丝绸衣服，也不用粮食喂马。你如此不注重自己的容貌服饰，显得太寒酸了，让别国的人笑话。这样做也有损我们国家的体面，人家会说鲁国的上卿过的是什么样的日子啊。你为什么不改变一下生活方式呢？这于己于国都有好处。"

季文子说："难道我不希望把家里布置得豪华典雅吗？可是你看看我们国家的百姓，还有许多人吃着粗糙得难以下咽的食物，穿着破旧不堪的衣服，还有人正在受冻挨饿。想到这些，我怎么能忍心去为自己添置家产呢？如果平民百姓都是粗茶淡衣，而我却把妻妾打扮得光彩照人，又把自己的马匹侍弄得膘肥体壮，这哪里还有为官的良心呢？况且，我听说一个国家的强大与光荣，只能通过臣民的高洁品行表现出来，并不是看他们是否拥有衣着华丽的妻妾和高壮的骏马。既如此，我又怎能接受你的建议呢？"

仲孙佗听了，对季文子更加敬重。

> ⊙ **教养精言**
>
> 有的人因为地位显赫而奢靡无度，有的人因为家境富裕而浪费成风，有的人为了彰显财富而各种名牌傍身，有的人为了显示地位而购置豪车名宅。但是真正有教养的人是不靠这些外在的包装来赢得他人尊重的，一个良性的社会也不靠这些外在的包装来辨识一个人的教养。

第五节　上行下效，以身立镜

齐王好紫衣，国中无异色。晋公好恶衣，朝中尽褴褛。吴王好剑客，百姓多疮瘢。楚王好细腰，宫中多饿死。历朝历代，上行下效。所以领导层一定要谨言慎行，处处为人表率。

宋仁宗明道二年（公元 1033 年），江、淮、京东旱灾、蝗灾频极，百姓流离失所。范仲淹奏请宋仁宗派遣使者下乡巡察，安定民心，宋仁宗没理他。范仲淹私底下对皇帝说："天下百姓缺粮，无物可食，等待陛下天恩救命。若是皇宫里半天无饭可吃，宫内诸人就会人心浮动，更何况这么多的地方受灾，受灾的又是这么多人。"宋仁宗因此派范仲淹前去赈灾。所到之处，范仲淹开仓放粮，免税减捐。

因为受灾，百姓穷苦无告，乱抓救命稻草，给各路神仙妖鬼上香拜祭祈祷。一时之间，乡间淫祠泛滥，黄烟袅袅，人头攒动。范仲淹一来就全给关停了。

到他赈灾回来，除了上疏匡正时弊，他还特地给皇帝带了一捆草作为礼物：灾区的庄稼都被蝗虫吃了，灾区的百姓就只能吃草根树皮充饥。范仲淹是想让皇帝知道，皇宫里的贵人过着锦衣玉食的生活，而灾区的百姓却身处水深火热之中。范仲淹是借此提醒皇帝要戒奢戒侈，否则奢靡无度，上行下效，风气将为之败坏。

⊙ 教养精言

有的家长天天玩游戏，却要求孩子刻苦学习，孩子往往会心生不满；有的家长天天脏话连篇，就很难纠正孩子说话不文明的行为；有的家长天天无所事事，却要求孩子努力上进，孩子就容易产生抵触情绪。打铁必须自身硬，自己做好表率，才能带动他人。

第六节　勿饮过量之酒

《朱子家训》中对于喝酒并没有提出鲜明的反对意见，但是旗帜鲜明地提出"勿饮过量之酒"，即反对滥饮。

晋人毕卓的人生理想是："右手持酒杯，左手持蟹螯，拍浮酒船中，便足了一生。"他当官的时候，晚上跑到邻居家里去偷酒喝，被邻居当成贼抓住，捆了一夜。到天亮时，邻居一看是他，赶紧把他放了，跟他道歉。他说："你让我闻了一夜的酒香，我还要多谢你呢。你要实在觉得过意不去，就让我打点酒回去喝吧。"毕卓就是这般好酒，还常因酒醉而耽误公事，也因此被罢官。

晋朝还有一个人叫周顗，字伯仁，酒量大而好喝，每次最多能喝一石。他每天喝得酩酊大醉，还是觉得遗憾，因为很少有人能够跟他平分秋色地对饮。有一次，一个朋友从江北来，他们就在一起饮酒。周颙非常高兴，准备了两石酒，两人共饮，讲明了一人一石，结果两个人都喝得酩酊大醉。周颙酒醒后，让人看看朋友怎么样了，人们过去一看，那位从江北来的酒友已经被酒精把肋侧腐蚀烂了，死掉了。

晋朝的刘伶喝酒更夸张。刘伶经常乘坐鹿车，带着很多酒出外郊游，每次都有一个仆人带着一把铁锹跟着他。刘伶对这个仆人说："你的任务是——我若是喝酒喝死了，你就地把我埋了。"刘伶的夫人特别反对刘伶喝酒，因此把酒藏起来，把酒杯、酒坛、酒瓮这些东西也给扔了，苦苦劝说丈夫戒酒。刘伶酒瘾犯了，正难受呢，灵机一动，计上心来："好！我不喝了。而且我还要向神明发誓戒酒。你赶紧把敬神的酒菜准备好。"他夫人可高兴了，赶紧张罗了一桌好酒好菜，让他敬神，发誓戒酒，请神明监督。结果酒菜上来后，刘伶的口水一流三尺长，他跪在地上开始向神明祝祷："天生刘伶，以酒为名。一饮一斛，五斗解酲。妇人之言，慎不可听。"

祝祷完毕，他大块吃肉，大碗喝酒，等他夫人进来看他时，他早已又醉得不知道东南西北了。据说他的死法也蛮凄惨的，得了肺痨，咯血病终。

隋朝时期，有一个县丞，出身官宦人家，既英俊又博学，但是，他后来染上酒瘾，越喝越厉害，每天要喝好几升酒，就没有酒醒的时候。等他患病将死，散发出来的酒臭气在几里地以外都能闻到，远近的人皆掩鼻而过。就这样不间歇地散发了十天的酒臭气，他才死掉。

⊙ **教养精言**

　　小酌怡情，大醉伤身，这是现代人的普遍认知。但是很多人明知道贪杯滥饮不好，仍旧控制不住自己，经常喝得大醉，这样不仅有损自己的身体健康，还可能因酒后失态而引起不必要的麻烦，所以切忌贪杯放纵，一定要控制饮酒的量和度。

第七节　做人留一线，日后好相见

　　做人谁不想一辈子顺风顺水？可惜有的人太顺了，就觉得整个世界都是他的了，于是胡作非为，甚至把别人逼到墙角。及至尝到苦果，报应临身，又追悔莫及。

　　古代有一个大户人家，男人有一妻一妾。妾室先生了一个儿子，数年后，妻子也生了一个儿子。妾室撺掇丈夫冷待嫡妻，妻子一病不起，撇下幼子去世。随后，妾室被扶正，几年后，生下了小女儿。

　　又过了几年，男人病死，家业落在这个被扶正的妾室和已经长大成人的长子手里。

　　幼子被继母赶出去自谋生路，继母承诺一个月给他一两银子，不会让他饿死。继母住在深宅大院，大儿子经营家业，她则穿绸着缎，呼奴使婢。她的小女儿也被娇养得骄横跋扈。

　　幼子发愤图强，后被侯府看中，入赘侯府。这天，他的继母忽然派人来找他，请他回去。原来他同父异母的哥哥因为行事贪婪，和人结仇，被人打死了。他的继母原本早就放出风去，说幼子已经病死，所以同宗族的人都纷纷跳出来，叫嚣着要分割家产。继母赶紧派人找到幼子，想求他回去顶门立户。

他一回去，就说："这份家产，我一分不要，都捐给族里吧。"

继母目瞪口呆，族长也惊呆了。他笑着说："我有手有脚，能养活自己。而且我已经在别的州县成家立业，自有我的活路。这一处的家业，我捐给族里，或盖祠堂，或盖善堂，都随你们。"

继母气得快吐血了："你疯了？这么大的家业，你说不要就不要啊？"他笑着说："依照律令，家产应由嫡子继承，你却欺我年纪小，失父失母，把我赶出家门，想让我自生自灭。你还假充好心，说是一个月给我一两银子。可是，你想起来就给我一两银子，想不起来就一个铜板也不给，我要光靠你，早就活不下去了。如今，你又想把我推到前头给你遮风挡雨，还要让我对你感激涕零。我宁可把这份家产全捐出去，替我父母积些阴德，也不会白白供养你这个狠毒妇人。"

于是，家产充归族里，继母和女儿流落街头，身上连一个铜板也没有。幼子又让族中的老人一起状告继母身在贱籍，没有资格被扶为正妻。结果他的继母被剥夺了正妻的身份，丈夫已经死去，她如今不过是一个无主的奴婢，官府重新给她写了一张卖身契送给幼子。幼子直接撕毁卖身契，让女人领着女儿离开，他也承诺一个月给她们一两银子。

女人急眼了，她享受了这么多年富贵生活，一两银子还不够她两天的饭钱。但是，她忘了，当初她也是这样对待幼子的。当时，幼子正在长身体的年纪，却在外边饿得啃草根吃树皮……

⊙ 教养精言

做人留一线，日后好相见。无论是做人还是做事，都要学会给别人留余地。所谓势不可使尽，福不可享尽，便宜不可占尽，聪明不可用尽，就是告诫我们要给自己留退路，将来的路才能越走越宽。

第四章

温良朴实，忠厚传家久

做人的根本是忠厚。拥有忠实厚道的品德，家族才能经久不衰。正所谓"积善之家，必有余庆；积不善之家，必有余殃"。

第一节　滴水成河，粒米成箩

从前，有一个农民勤俭持家，临终前把一块写有"勤俭"两字的横匾交给两个儿子，告诫他们要以此为准绳过日子。

两个儿子成家后，张罗着分家，就把这块牌匾一分为二，老大分到了一个"勤"字，老二分到了一个"俭"字。

老大以"勤"字为准绳，日出而作，日落而息，收成丰硕，生活幸福；但是他的妻子渐渐养成大手大脚的习惯，他的孩子也变得奢侈起来，非好衣不穿，非好饭不吃。这样过了几年，老大家的日子逐渐败落，虽勤劳如常，却入不敷出。

老二以"俭"字为准绳，虽然带着全家人节衣缩食，省吃俭用，但因为农事不勤，锄地耕田所得仅能果腹。

大旱年间，两兄弟家都断粮断炊，濒临绝境。他们各自扯下牌匾，摔在地上。当天夜里，兄弟二人都梦见一阵儿清风吹来一张字条，拾起来一看，上面写着两句大白话：

"只勤不俭，好比端个没底的碗，总也盛不满。"

"只俭不勤，坐吃山空，定会挨饿受穷。"

兄弟两个恍然大悟，从此互相帮助，老大克俭，老二克勤，日子逐渐又都变得蒸蒸日上。

⊙ **教养精言**

　　随着我国经济的快速发展，人民生活水平不断提高，一些人也渐渐忘记了勤俭的美德。须知节用裕民、节俭兴国，我们国家还有不少人生活水平较低，我们要拒绝奢侈浪费，坚守勤俭节约的文明风尚。

第二节　和美之家，胜过金砖银瓦

　　贫寒不见得会和不幸画等号，富贵不见得和幸福画等号。如果家庭和和美美，贫寒的日子也能过得有滋有味。

　　古代有一个姓黄的书生，科举高中后被招为驸马，时间一长，黄生却郁郁寡欢。公主问他怎么回事，他答道：

　　"从前家贫，励志苦读书，希望有一天飞黄腾达。现在飞黄腾达了，却怀念从前清贫的日子。我家在北方，那里四季分明。我的爹娘姊妹也都是普通百姓，但是父慈子孝，非常和美。我家用的器皿都是当地粗瓷制成的，但我娘总是洗得干干净净，并在里面盛满温热的汤水，家人随手可得。

　　"我家院落也不大，却干净整洁。院子中间有一棵老槐树，天气暖了会开花，槐花很香。槐树下有石桌、石凳，一家人常围坐在树下吟诗作对，开心无比。

　　"如今生活在京城，吃穿用度皆是人间极品。很多人围绕着，伺候得周到妥帖，却少了亲人之间的温暖。再者，我贵为驸马，很多人围着我奉承讨好，我却听不到真诚的话语，看不见温暖的笑容，所以我日日思念家乡、家人和从前的日子。"

公主听了，慢慢地站起身说："我自小生活在深宫里，从未见过你所描述的那种生活。我的娘亲是皇后，却很少见得到。皇宫虽然奢华富贵，却也少了人间温暖。既然你喜欢那样的生活，我去想想办法吧。"说完，她就走了出去。

公主跟皇上陈情后，皇上思考良久，答应驸马辞官，然后过了一阵子，又对外声称公主和驸马暴病而亡。

在北方的一个小镇上，不知何时又多出了一所宅院，一个黄姓男子偕妻儿搬了进来。

黄姓男子家的院子里也栽种了一棵槐树，天气一暖，满树槐花。一个衣着简朴的美妇人在槐树下陪着两个稚子念书、玩耍。他们身边只有两个小丫鬟伺候。美妇人常和小丫鬟一起动手做家务，她们把院子收拾得干净清雅，常常茶香四溢。那个黄姓男人常常坐在槐树下的石桌旁读书，偶尔，他们的邻居也加入进来，大家一起说说笑笑，其乐融融。

后来民间有很多传闻，据说还有皇宫里的轿辇趁着夜色来到这个神秘的小院子里……

⊙ 教养精言

对一个家庭而言，真正令人感到幸福的是什么？是崇高的地位吗？是奢靡的生活吗？还是哪怕质朴却温馨的家庭氛围，哪怕寒素却其乐融融的人间真情呢？弄明白这个道理，自己的家庭才更容易步入幸福的快车道。

第三节　相让招福

社会上互相争夺的事情很多，如果是良性竞争当然好，有的却是与良性竞争无干，若是针锋相对，互不相让，反而会埋下祸根。所以《增广贤文》中才说："忍一时风平浪静，退一步雨过天晴。"遇事相让，既能保全自身，又能彰显宽阔心胸。

清朝康熙年间，安徽桐城有一个张姓家族，父子两宰相，分别是张英和张廷玉。

张英在朝中任文华殿大学士、礼部尚书的时候，老家桐城的老宅与一户吴姓人家为邻，两家之间有块空地，供双方来往交通使用。

一天吴家想要建房，想占那块空地，张家自然不肯，两家发生争执，各不相让，原本还算和谐的邻里关系变得紧张起来。

吴家后来将张家告官，张家说那块空地六尺宽，为两家公用，每家只可各占三尺，吴家却要将这六尺全部攫为己有，是可忍孰不可忍，于是将吴家也反告一状。

县官调停无效，实地考察之后也难以断案，鉴于双方都既有身份又有地位，干脆把此案暂时搁置。

张家于是就给张英写信详述此事，想让张英出面。张英见信，沉思后，回信一封："千里修书只为墙，让他三尺又何妨？万里长城今犹在，不见当年秦始皇。"

家里人得了信，遵嘱撤诉，不再坚持分三尺空地。吴家后来得知张英回信的内容，深觉张英深明大义，大感惭愧，主动让出三尺空地。

就这样，两家各退一步，形成一条六尺宽的巷子，后来这个地方就改名六尺巷。

身居高位而行事多谦退，自为招福之门。

> ⊙ **教养精言**
>
> 谦虚退让不仅是中国人的素质和教养，同时也是一种聪明的处世保身之道。相让招福，不论是达官贵人还是平民百姓，做事多谦让可保平安。相争招祸，若是仗着勇力、财力或者身份地位对他人欺凌过甚，终将自食恶果。

第四节　教子要有义方

古人的家训中既有行为规范，又有生存智慧，更有道德要求。《朱子家训》中有"教子要有义方"之说，放在现代品德高尚的人身上同样适用。

1937 年，日本侵略者逼近北平。林徽因和梁思成不愿生活在日军铁蹄之下，带着家人逃出北平，和别的知识分子们一同奔向陌生的西南"大后方"，开始了战时的半流亡。

他们辗转天津、长沙、昆明，一路遭遇疾病——梁思成有严重的背部疾病，林徽因患上严重的肺炎。林徽因的小弟在与敌作战中壮烈牺牲。孩子们也跟着他们到处辗转，贫病交加。

美国的一些大学和博物馆的朋友都来信邀请梁思成到美国去访问讲

学。他的好友费正清夫妇和一些美国朋友知道他们的情况后，也劝他们到美国去工作并治病。可梁思成不走，他说："我的祖国正在水深火热中，我不能离开她。即使我必须死在刺刀或炸弹下，我也要死在祖国的土地上。"

终于，抗战胜利，日本投降。

当时梁思成正在重庆，梁思成陪林徽因到重庆检查身体，医生悄悄告诉他："来得太晚了，林女士肺部都已空洞，这里已经没有办法了。她至多只能再活五年。"

后来有一次，他们的儿子梁从诫同母亲谈起 1944 年日军攻占贵州都匀、直逼重庆的危局，他问母亲："如果当时日本人真的打进四川，你们打算怎么办？"林徽因很平静："中国念书人总还有一条后路嘛，我们家门口不就是扬子江？"

梁从诫急了："我一个人在重庆上学，那你们就不管我啦？"病中的林徽因拉着儿子的手，仿佛道歉似的小声说："真要到了那一步，恐怕就顾不上你了。"

在这对夫妻身上表现出的，是中国读书人传统的"气节"。家贫知子孝，国难知士贤，他们教子，也是用的义方。

⊙ 教养精言

民族危亡之际，多少人折节，又有多少人不肯屈服？前者令人不齿，后者却让人崇仰。有这样的父母，孩子也会是一个有原则、有大义、行正道的人。

第五节　偏心父母古来多

　　虽然说手心手背都是肉，但做父母的往往很难做到一碗水端平。但是，即便不能做到百分百公平，也不要把心偏到胳肢窝。

　　春秋时期，郑国国君郑武公的妻子武姜先后生下两个儿子，长子庄公，次子共叔段。

　　武姜生长子时难产，遭受极大痛苦，所以武姜不喜长子而偏爱次子，甚至屡次请求郑武公立共叔段为世子，但是郑武公都没有答应。这下子，武姜更厌恶长子了。

　　长子即位后，是为郑庄公。武姜请求庄公把共叔段分封到制邑，庄公拒绝了，因为此地险要。他说："除此之外，你说封到哪里就封到哪里，我都照办。"于是，武姜又请求把京邑封给共叔段，庄公答应了。

　　共叔段所占有的京邑并不符合规制，规模太大了，城墙也太高太长。而且，在母亲武姜的纵容之下，共叔段更加努力地扩大自己的地盘，而庄公对共叔段的扩张行为视而不见。

　　于是，共叔段越发肆意妄为，竟然开始准备武装袭击新郑，修城郭，聚百姓，整戈矛，准备兵马战车，欲改换天地，把庄公拉下去，他好坐上王位。

　　武姜从头到尾都知道共叔段的所作所为，并且准备届时为小儿子打开城门。

　　庄公接到共叔段要起兵的情报，说了一句话："现在，可以出击了！"

庄公派兵讨伐京邑。共叔段在京邑未施行德政，所以京邑百姓纷纷反叛共叔段。共叔段在众叛亲离之下，被庄公撵得到处逃跑，据说最终自刎身亡。

母亲武姜偏爱幼子，反而导致幼子丧命，自己也被软禁，虽然后来在别人的劝说下与长子和好了，但是，她与长子的感情不可避免地出现了巨大的裂痕。

在东汉末年的烽火连天中，袁绍——这位出身名门望族的豪杰，以庞大的家族势力，一度成为北方最强大的诸侯之一。

袁绍育有多子，其中，长子袁谭性格刚毅，行事果断，深得军中将士的拥戴；而幼子袁尚则因是袁绍晚年得子，聪明伶俐，深受袁绍宠爱。袁绍常常将重要事务交由他处理，甚至在众多场合下，明示或暗示袁尚将是其继承人的不二之选。

这种明显的偏爱，很快便在袁绍的家族内部激起了波澜。袁谭及其支持者感到不公，而袁尚一派则凭借袁绍的宠爱，逐渐在朝中建立起自己的势力，两派之间的矛盾日益激化。袁绍在处理这一家庭纷争时，态度摇摆不定，进一步加剧了家族内部的分裂。

最终，当袁绍病逝以后，这场因偏爱幼子而引发的家族内斗彻底爆发，袁谭与袁尚为争夺继承权，展开了长达数年的兄弟阋墙，使得曹操有机可乘，袁谭不惜投靠曹操打击袁尚。最终兄弟二人皆死，这场因继承权而起的家族纷争，最终导致了袁氏家族的衰败和灭亡。

父母对待子女的偏爱与不公，往往会成为家族衰败的根源。每一场由父母偏心而造成的兄弟阋墙，都如一声声警钟，在历史深处悠悠回响。

⊙ **教养精言**

　　父母在儿女之间要尽可能地做到一碗水端平，就算不能做到百分百公平对待，也不要爱一个嫌一个。爱就爱到百分百，嫌恶也嫌恶到百分百，这样的父母迟早会尝到偏心种下的苦果。

第六节　重资财，薄父母，难为人

　　为人子女，受了父母生养大恩，自当报答，却有那等视财如命的人，见父母再无油水可榨，就弃之如敝屣，不闻不问。

　　张木匠一生劳苦，送两个儿子进学堂，又帮他们备下聘礼，给他们娶妻成家。

　　长子做生意发了财，每天吃香的喝辣的；次子小有学问，深受岳父家看重，妻子陪嫁丰厚，日子过得也有滋有味。

　　张木匠一天天地变老了，妻子也去世了，他一个人住在破旧的院落里，自种自吃。

　　张木匠八十五岁这年，实在干不动活儿了，只能靠两个儿子养活。儿子们烦他，对他说："老爹爹今年八十五，何不死在圣贤年！"两个儿子都埋怨老爹活得长。

　　他们决定一家轮半个月地照顾父亲。但是有时候一个月有三十一天，有时候一个月有二十九天。这天，大儿子说时间到了，就把他爹送到了弟弟那里。弟弟两夫妇心想：上回你就早送来一天，这次又来占便宜，于是他们躲在家里，把家门插得铁桶一般严实，任凭老大在外边跳着脚地骂，也不吭一声。

老大一看，干脆蹬着墙根底下的砖，硬把他爹架到了老二家的墙头上，让他骑在那里，说："你可骑稳了啊！真要是掉下去，也得看好了，往他们家院子里头掉，掉院子外头可没人管饭。"

然后他就扬长而去了。

张木匠哆哆嗦嗦地骑在墙头上，摇摇欲坠。幸亏张木匠的好朋友王银匠来了，赶紧把张木匠搀下来。问清前情后事，王银匠眼珠一转，计上心来。

他到老大家要债，又到老二家要债，说当年张木匠在他的炉子里化了很多银子，悄悄藏起来了，还嘱咐他瞒着两个儿子，怕两个儿子知道了会跟老爹要。现在，张木匠欠了他一些银子，也不肯还，所以他只能找张木匠的儿子要。谁要是能够找出张木匠藏的银子，除了还王银匠的钱，还能剩下好多。

老大和老二就一溜烟似的奔出了自家院子，亲亲热热地喊着"爹"，后面跟着他们的老婆。找见正在墙根晒太阳的老爹，他们把老爹架起来。老大把老爹往自己家里拖，老二把老爹往自己家的院里抱，你争我抢，好不热闹。

王银匠就做主协商，仍旧一家轮半个月地照顾老爹。这次老二对待老爹跟对待财神爷似的，唯恐有一点不周到，还总问他把银子藏哪儿了，张木匠得了好朋友的嘱咐，只一味地装聋作哑。

半个月过去，老大早早来接，和老二一样对待老爹，张木匠也照样对银子的事守口如瓶。

两年过去了，张木匠享受了两年的好日子，眼看病重待死，两个儿子拼命在他耳边扯着嗓子问："爹，你把银子藏哪儿了？"张木匠看着窗外的墙头，用手指了指那里，断了气。

儿孙们一看，都不顾死去的老人了，赶紧跑到院里，到处找来镢头、铁镐，冲着墙头就是一顿挖。这里没有，那里也没有，这里更没有……他们越挖墙头的地基，坑越多，洞越大，最后硬是把高高的墙头给挖得轰一声倒塌了，把那几个不孝子孙都压在了下面，胳膊腿儿乱舞，大喊救命……

这就是老戏《墙头记》的剧情。一出墙头记，照出不孝子孙的嘴脸。

⊙ 教养精言

《墙头记》中的两个儿子眼里只有钱财，完全把孝道抛诸脑后。子女对待父母，绝不可这般功利。父母为子女操劳半生，如果子女仅在父母能给自己帮忙、做贡献时，才假意扮作孝顺儿女，有违孝道本真。尽孝，岂能因父母贫富而异？为人子女者，应当以真心报答父母恩情，绝不可将孝道当作利益交换。

第五章

既孝且悌，爱幼尊老

孝老爱亲人间义，手足之情不毁伤。养儿不教父母过，父母不正儿难正。身为丈夫当自爱，娶妻不贤祸塌天。人世间一个个家庭单元，都需要认真经营，否则无数爱恨情仇滋生，人间悲剧将会上演。

第一节　须敬老

一个什么也不知道的幼童会把父亲看得和超人一样强大；随着孩子越来越大，到青春期的时候，已经对父亲没那么崇拜了；到自己长大成人，早把父亲当成陈腐的老古董；等到自己逐渐迈入老年，才发现当年的父亲多么了不起。或许他的父亲也经历了这样的心理过程，他的儿子也会作为父亲经历这样被尊敬—被轻视—被重新尊敬的心理过程。

年轻人最大的毛病就是目空一切，对长辈说的话充满怀疑，对长辈做的事一味反对。事实上，日光之下，并无新事，老人已经走过的弯路，年轻人大可不必再去走一遍；老人已经取得的经验，也可以传授给年轻人将之发扬光大。

在时光更迭、新老交替之际，老人对新人要有足够的宽容，新人对老人要有充分的尊重和敬爱。一个小视频里，男子正在吃饭的时候，突然一双大手伸过来，轻轻拍打他的脑袋。他以为是恶作剧，面目不善地回过头来，却发现是自己的爷爷，他的表情马上变了，站起身，转过头，弯下腰，脸上堆满笑容，把脑袋伸到爷爷面前，让爷爷尽情抚摸……

⊙ 教养精言

时光一步不停，必定日日更新。只有新一辈对老人心怀尊重，态度谦虚，老一辈心怀慈爱，传授心得，奖掖后进，才能使美德和经验不断代，相延递续。

第二节　须孝亲

有父母，人生有来处；无父母，人生就只剩下归途。父母亲情是一个人成长的基石和坐标，我们要用心珍视父母亲情。

南朝时期，一个叫吉翂的，他幼年丧母，十五岁那年父亲又被人陷害入狱，要押送京城处死。

吉翂赶到京城，闯到皇宫门口，击响了朝堂门前的登闻鼓，惊动了梁武帝。

梁武帝说："你小小年纪，有什么冤屈，竟然乱闯皇宫，不怕杀头吗？"

吉翂虽然吓得要死，仍旧坚持着向梁武帝诉说了父亲的冤情，并且恳求皇帝允许他代父受死。

梁武帝怕他是受人指使，意图扰乱朝纲，就命令廷尉蔡法度对吉翂严加讯问。廷尉的公堂阴森可怕，差役们如狼似虎，吉翂先被打了一顿杀威棒，然后蔡法度才问他，是谁指使他来告御状的，目的何在。若从实招来，可饶他不死。

吉翂说："我虽年幼怕死，但是我母已丧，下面还有几个弱弟。父亲若是死了，谁来照顾他们？所以我才请求代父受死。我既不怕死，又怎会受人指使？"

蔡法度说："你这样聪明的人，将来必有好前程，为什么一定要找死呢？"

吉翂说："鱼虾蝼蚁尚且爱惜生命，更何况是人？我也不想死，只是父亲被陷害要被处死，为了使父亲可以活下来，我才不得不死啊。"

蔡法度见他如此孝顺，就命人给他除去沉重的刑具，换上轻一些的刑具。他却说："我既然请求代父受死，说明我已经替了父亲的罪，怎么能减轻刑具呢？只求早日放了我的父亲，我并不觉得这刑具沉重。"

蔡法度把审讯记录报告给梁武帝，梁武帝下令彻查，发现吉翂之父果然含冤，就下诏放了这对父子。

有一个初中语文教师，九岁时父亲去世，母亲独自抚养三个孩子长大。后来，母亲得了阿尔茨海默病，丧失了日常生活能力。这个教师每天为了照顾母亲，就用一根布带把母亲绑在自己身上，骑着电动车行驶三十公里去学校上班。

他每天的作息是这样的：晚上九点钟，服侍母亲睡下；凌晨一点钟，准时起床帮助母亲上厕所；清晨五点钟，闹钟响起，他就要起床，将母亲的房间打扫干净，处理好母亲的大小便；早上七点钟喂过母亲吃饭后，开始学校一天的工作。

时间紧张，他总是步伐匆匆，所以他总爱说一句话："我是跑着走的。"

⊙ 教养精言

人到暮年，眼神不好，语速缓慢，听力下降，行动不便，如此种种，都需要做儿女的多加担待。父母的唠叨，能多听就多听几句；父母的毛病，能多包容就多包容几分；父母的孤寂，能多消解就多消解一点。父母不求你飞黄腾达，只求你平平安安。也请你开车要慢些，走路要看红绿灯，做事前先想想二老双亲。

第三节　手足之情，莫失莫忘

人世漫长，行路坎坷，有兄弟姐妹相伴，既热闹，又心安，关键时刻可以背靠背抵御风刀霜剑。

苏轼和苏辙是亲兄弟，苏轼长苏辙近三岁。他们幼时是玩伴，及长是朋友，一辈子祸福相依，患难与共。

《宋史·苏辙传》中载："辙与兄进退出处，无不相同。患难之中，友爱弥笃，无少怨尤，近古罕见。"

苏轼因为写诗遭人嫉恨，人家搜罗他的罪状，要拿他问罪。当时苏轼在湖州为官，苏辙得知，立刻派人急奔，告知哥哥。

哥哥被投入监牢，这就是有名的"乌台诗案"。

苏轼猜想其罪不可能赦，就写了两首绝命诗，托狱卒交给弟弟苏辙。其中第一首就是和弟弟交代后事："圣主如天万物春，小臣愚暗自亡身。百年未满先偿债，十口无归更累人。是处青山可埋骨，他年夜雨独伤神。与君世世为兄弟，更结来生未了因。"

苏轼说自己是罪有应得，"小臣愚暗自亡身"说的就是他自己找死，和别人没有干系。只是怕自己死后，家人十口无可寄托，只能拜托弟弟子由照顾。至于自己，随便找个青山之处埋了吧，他的灵魂在夜雨之时仍旧会黯然神伤。希望和子由来生仍旧为兄弟。

子由接信，伏案哭泣——他当初得知哥哥要被奉旨拿问，心胆俱裂，派人火速和皇家使臣赛跑，星夜传信；如今竟是哥哥要和自己诀别。

苏辙也受到牵连，日子难过，但他不仅未有丝毫怨言，还将哥哥的家小接到自己家中安顿，并一再上奏神宗皇帝，奏章上泣血哭求，愿免一身官职为兄赎罪，实在不行愿意替哥哥去死。

后来苏轼被贬到黄州，他只带了长子苏迈前去。他们抵达黄州四个月后，家人才由弟弟护送来黄州。

苏辙也要带自己的家眷到高安——他因救哥哥被贬官去职，要去高安任酒监。举两家而搬迁，几十口子人，男男女女，老老少少，水路陆路，长行短行，打尖住店，吃喝拉撒，他这个弟弟太给力了。

到了九江，苏辙让自己的家眷在此等候，他则带着嫂嫂王闰之和侍女朝云，还有哥哥的两个孩子，沿着长江一路到黄州，送他们去与哥哥团聚。

其实苏辙的日子比苏轼还难过，因为苏辙已经有了七个女儿，还有三个儿子，再加上妻子。收入既不高，小官又当得"清水"，经济压力也不小。

后来，苏轼和苏辙又重新起复，官职一升再升，兄弟两个风头无两。再后来，苏轼又被贬谪到惠州，盘缠不足，他就去找弟弟要。反正没了钱苏轼就会去找苏辙要。

苏辙匀给哥哥七千缗铜钱——东坡要在宜兴买一套房子，把全家留在这里，在宜兴买一套房花费五百缗，如此换算下来，弟弟给了他十多套房子。

苏东坡到惠州，苏辙又给哥哥送来黄金：苏辙夫人史氏这一年入宫朝见太后，太后赐予他家的黄金，全被苏辙送来了。苏东坡把弟弟给的黄金，全数捐赠给当地的贫苦百姓。

后来，朝廷把苏轼从惠州贬到儋州，把苏辙贬到雷州。再后来，苏轼遇赦北归，路上病重，给三个儿子嘱托后事，说你们的父亲平生未尝为恶，应当不会进地狱，所以不用担心。他让弟弟给他写墓志铭，吩咐儿子们在他死后把他和他的妻子王闰之合葬在苏辙家附近的嵩山山麓。

苏辙亲笔给哥哥泣血作祭：

"……呜呼！手足之爱，平生一人。幼学无师，受业先君。兄敏我愚，赖以有闻。寒暑相从，逮壮而分……呜呼！天之难忱，命不可期。秋暑涉江，宿瘴乘之。上燥下寒，气不能支。启手无言，时惟我思。念我伯仲，我处其季。零落尽矣，形影无继。嗟乎不淑，不见而逝！号呼不闻，泣血至地……"

⊙ 教养精言

家庭是幸福的港湾，但是幸福的家庭需要我们共同努力营造。父母努力工作，我们也要孝敬父母；兄弟姐妹陪伴我们成长，我们要同兄弟姐妹和睦相处。整个家庭的氛围如果其乐融融，每个人身在其中，都会身心愉快。

第四节　兄弟之间，莫残莫伤

如果能够做到兄弟之间相亲相爱，那便是给自己的人生之路多了一大助力，可惜手足相残、兄弟阋墙的戏码古今皆不鲜见。

曹操死后，曹丕继位。他有一个兄弟曹彰，手握兵权，勇猛有力。但是在黄初四年（公元223年），曹彰到洛阳参加例行的朝会时，就莫名其妙地死了。

他的死因，一直是千古谜团。裴松之说："初，彰问玺绶，将有异志，故来朝不即得见，彰忿怒暴薨。"就是说，因为曹彰在曹操死后曾向贾逵打听过魏王印玺的事，曹丕认为他图谋不轨，因此来朝见时故意怠慢他，而曹彰受不了这种怠慢，于是"忿怒暴薨"。

而南朝刘义庆的《世说新语》中却如此记载："魏文帝忌弟任城王骁壮。因在卞太后阁共围棋，并啖枣。文帝以毒置诸枣蒂中：自选可食者而进，王弗悟，遂杂进之。既中毒，太后索水救之，帝预敕左右毁瓶罐，太后徒跣趋井，无以汲，须臾，遂卒。复欲害东阿，太后曰：'汝已杀我任城，不得复杀我东阿。'"

就是说，魏文帝曹丕猜忌他的弟弟任城王曹彰勇猛刚强，趁在卞太后的住房里一起下围棋并吃枣的机会，先把毒药下在枣蒂里，自己挑那些没下毒的枣吃；任城王没有察觉，就把有毒、没毒的枣混着吃了。中毒以后，卞太后要找水来解救他；可是文帝事先命令手下的人把装水的瓶罐都打碎了，卞太后匆忙间光着脚赶到井边，却没有东西打水，不久任城王就死了。魏文帝又要害死东阿王，卞太后说："你已经害死了我的任城王，不能再害我的东阿王了！"

——东阿王就是曹植。

而对于曹植来说，大哥曹丕当了皇帝，他的头上就悬了一把利剑。曹彰之死，更让他兔死狐悲，惶惶不可终日。

《世说新语》中说："文帝尝令东阿王七步中作诗，不成者行大法。应声便为诗曰：'煮豆持作羹，漉菽以为汁。萁在釜下燃，豆在釜中泣。本自同根生，相煎何太急！'帝深有惭色。"

就是说，曹丕怕曹植夺了自己的帝位，所以想除去曹植。于是，曹丕限曹植当庭七步成诗，作得出就饶他不死，作不出就杀了他。

这才有了曹植的七步诗："煮豆持作羹，漉菽以为汁。萁在釜下燃，豆在釜中泣。本自同根生，相煎何太急！"

⊙ **教养精言**

历史上手足相残的戏码有很多，大多是为了权位，不知道有多少人陪葬。没有被记载下来的也很多，民间百姓因为权势、财富，甚至因为父母偏心而造成的手足相残的事例也屡见不鲜。今天我们一定要吸取历史教训，兄弟之间要互敬互爱，绝不可自相残害。

第五节　养不教，父母过

现代社会，很多父母为了孩子倾其所有，各种富养，自己粗茶淡饭，给孩子吃大鱼大肉；自己艰苦朴素，给孩子穿名牌衣服；自己辛苦工作，孩子却十指不沾阳春水。

父母注重满足孩子的物质需求，却忽略了对孩子的精神世界的培养，以致很多孩子不知感恩，甚至抱怨父母没有给自己带来更为优越的物质生活。这就是典型的"养不教，父母过"。

只知恩养，不知教育，或者教育不得法，这是很大的过错。

还有的父母给孩子树立反面典型。父母专横跋扈，孩子也学得专横跋扈；父母奢侈无度，孩子也奢侈无度；父母不学无术，孩子也不学无术。这些可谓"上梁不正下梁歪"。

古代有两个人，一个叫疏广，一个叫疏受。疏广是疏受的叔叔，叔侄两个都在朝为官，很受重用。他们告老还乡的时候，皇帝恩赏了他们很多黄金。

他们回到家乡后，没有拿这些黄金买房置地，而是每天都命家人变卖黄金，大摆宴席，请族人、旧友、宾客等人一起饮酒取乐。

对于他们这种做法，有人看不过去，劝他们留下一些黄金，给子孙置办产业。

疏广就说："你们看我耳不聋、眼不花，难道我是那么糊涂、不知道顾念儿孙的人吗？可是我们家原本就有土地，原来的房屋也够住，土地也够他们辛勤耕作以养家糊口的。这还不够吗？如果买的田地多了，自己干不过来，就会雇人耕种，他们自己就变得懒惰了。给他们留的钱多了，他们就会躺在钱堆上睡大觉，整个人就废了，变得愚蠢不说，说不定还会仗着'老子有的是钱'胡作非为、触犯法律。到时，我想救都救不了啊。再者说了，你们以为，钱多就是好事吗？说不定什么时候他们或者他们的子孙就会因为有钱而受到什么灾难，比如被山匪绑架之类的。所以，就让我的儿孙们认真、勤快地过他们自己的生活吧。我的钱是皇上赏的，我想怎么花就怎么花，谁都管不着。"

他这番话一出，人们都心服口服。

⊙ 教养精言

孩子如白纸，父母是在白纸上作画的第一代画师。画纸洁白，每一笔都需要精勾细描、认真下笔，哪一笔歪了，都会影响孩子的成长。斯事亦重矣，怎能不认真对待呢？

第六节　妻不贤，祸塌天

有的女人倚仗着丈夫的权势胡作非为，若是丈夫的权势比较大，她简直恨不得上天。这样的女人是很可怕的，可谓家庭的"定时炸弹"。

西汉大将军霍光之妻霍显，因为霍光身为辅政大臣，大权在握，她的私欲就膨胀得没边没沿。

汉宣帝刘病已登基后，立许平君为后，二人感情深笃。霍显为了使自己的小女儿霍成君成为皇后，竟然在不知会霍光的情况下，买通了御医淳于衍，使其趁着许皇后病中待产之际，下毒谋害了许皇后。

事后皇帝要追查此事，霍显怕淳于衍供出自己，方才把事情告诉霍光。霍光一听，如同五雷轰顶。但是为家族考虑，他也不能让此事再被追查下去，于是只好要求皇帝停止追查许平君的死因，说许平君是虚弱身死。

汉宣帝心中愤怒，但不敢发作，只好忍下此事，并且册立霍光与霍显之女霍成君为皇后。

霍显这一大愿得以满足后，又生出新的愿望：她不希望已故的许皇后产下的皇子成为太子，她希望自己的女儿生下的儿子成为太子，继承汉家天下。于是霍显又唆使女儿去毒害已故的许皇后生下的皇子，但是汉宣帝对这个皇子看护得十分严密，霍成君一直没有找到机会。

霍光死后，霍显觉得丈夫虽然已死，但是霍家树大根深，就连皇后都是自己的女儿，想必皇帝更不会动自己，于是她就继续穷奢极欲，大建豪宅，并且私通家奴。

有她做榜样，她的子侄们没有一个成器的，女儿们更是把皇后的长信宫当成自家后花园，想进就进，想出就出。

于是霍家虽然家大业大，但是一个能顶门立户的人都没有。汉宣帝联合别的大臣，渐渐把霍家手中的权势抽空。当霍家人惊觉手中的军权已被汉宣帝渐渐收回，自家成了待宰的羔羊，一团慌乱的时候，霍显这个女人又大胆到密谋造反。

于是汉宣帝令霍成君把霍家骨干人员叫到宫中赴宴，借此机会控制住他们，把叛乱扼杀在摇篮之中，霍氏全族被满门抄斩，同时牵连了上千家庭。霍显本人被腰斩，霍成君被废。

⊙ 教养精言

倚仗着丈夫的财富和权势嚣张跋扈、为所欲为，从而为整个家庭招祸的妻子，不是好妻子，也不是好女人。真正的好女人具备良好的教养，具有善良、勤劳、智慧、包容等美好品质，能很好地处理家庭中的各种关系，同时为子女树立好榜样。

第七节　妻贤如玉，夫福百端

正所谓"娶妻要娶贤"，还有一个说法叫作"妻贤夫祸少"。一个贤良的妻子会成为整个家庭的核心凝聚点，每个人都能够从她的身上获取到温暖，整个家庭氛围都会和谐得让人舍不得远离。

苏轼的妻子王弗去世后，他续娶了王弗的堂妹王闰之。王闰之对非自己亲生的长子苏迈，视同己出。

王闰之待丈夫也极好。苏轼携家带口跑到杭州做通判，一院子箱笼堆满，家当都没收拾清楚，他看着烦。而且，正值腊日——也就是十二月初一，宋朝的公休日，这个日子口儿上，上至文武百官，下至黎民百姓，都像过节一样。皇上还要给官员发福利——医药，百姓"闾巷家家互相馈送"。苏轼初到杭州，同事间当然也需要往来迎送，邻里间也需要嘘寒问暖，哎呀，不管了，他就当了甩手掌柜。

——苏轼跑到西湖寻访诗僧惠思和惠勤去了。

他的妻子在家里带着孩子一通忙活，他跑出去躲清闲，居然还"厚着脸皮"作诗："天欲雪，云满湖，楼台明灭山有无。水清出石鱼可数，林深无人鸟相呼。腊日不归对妻孥，名寻道人实自娱……"

苏轼为什么敢这么做？因为他知道屁股后头一堆烂摊子有妻子替他收拾。

当时，苏轼的儿子苏迨连路都还不会走，家里还抚养着侄子的遗孀和两个侄孙，再加上奶妈下人，一大家子的调停料理，都压在王闰之肩上。

王闰之和苏轼做了多年的夫妻，跟着他一路辗转，哪个地方都待不长，永远处在漂泊状态。她陪着他到杭州、密州、徐州、湖州做官，又和他在条件艰苦的黄州共同度日。

苏轼初到密州时，正值大旱蝗灾，百姓饥馑。苏轼投身灭蝗工作，又拣拾弃婴，又和老百姓一道挖野菜度饥荒，身心交瘁。回家后，孩子又淘气，他心情不爽，乱发脾气。妻子说他："孩子傻，你更傻。这时候还不找点乐子让自己好过，瞎愁什么呢？"

苏轼如醍醐灌顶，作诗《小儿》：

小儿不识愁，起坐牵我衣。
我欲嗔小儿，老妻劝儿痴。
儿痴君更甚，不乐愁何为？
还坐愧此言，洗盏当我前。
大胜刘伶妇，区区为酒钱。

妻子不但劝丈夫不要生气，还洗盏斟酒给他喝。苏轼愁苦疲惫、皱缩一团的心境为之一舒：我的妻子比刘伶的妻子强太多了。

苏轼宦海浮沉，一时升了，一时降了，一时紫袍绶带，一时被抓吃牢饭，王闰之跟着他担惊受怕，且又于荒野之地陪着他摘野菜，赤脚耕田，就这样陪了他这么多年。她去世后的葬礼极为隆重，苏轼亲自写下祭文《祭亡妻同安郡君文》，文中有"惟有同穴，尚蹈此言"的话。此后，她的灵柩在京西寺院里寄放了十年，直到苏轼去世，苏辙将苏轼与王闰之合葬，实现了苏轼"惟有同穴"的愿望。

⊙ 教养精言

一个贤良的妻子，能够为家庭带来和谐与温暖，在丈夫的事业和人生道路上给予支持和帮助。她的智慧和品德，能让孩子自小耳濡目染，这样的妻子是一个家庭的宝贵财富。

第六章

诗书继世长，从古诗文中润泽教养

做人要饱读诗书，不断学习，提升自己的思想深度和精神境界，做一个脱离了低级趣味的人，如人所言："读书贵乎知，知则气自华。养气且深思，挥墨冀有声。声在文章外，格成方自明。"

第一节　夫君子之行，静以修身，俭以养德

诸葛亮的作品，除了《出师表》，就是这篇短短的《诫子书》传诵千年而不衰。

《诫子书》是诸葛亮临终前写给儿子诸葛瞻的一封家书。他四十多岁方得子，儿子幼小，自己已经呕尽心血，时日无多。这份依依不舍的沉痛，化为谆谆的训诫，倾注在这篇《诫子书》里。

《诫子书》总共只有八十六个字，全文如下：

夫君子之行，静以修身，俭以养德。非淡泊无以明志，非宁静无以致远。夫学须静也，才须学也。非学无以广才，非志无以成学。淫慢则不能励精，险躁则不能治性。年与时驰，意与日去，遂成枯落，多不接世，悲守穷庐，将复何及！

短短八十六个字中，说明了要做一个什么样的人，怎样做，以及不这样做的结局。

首先，要做一个品性淡泊、勤俭有德的君子。然后，要饱学立志以成才。在这条成才之路上，不能荒淫怠惰，不能急躁冲动，否则必定一事无成，家业荒废。

——这话颇有道理，即便是英雄一世的人物，如果自己的儿女后代不能励精图治，而是躺在父辈的功劳簿上睡大觉，甚至是各种消磨损

耗，总有坐吃山空的一天。

所以，我们不但自己要学会，而且要教育孩子学会宁静以修养身心，节俭以审慎理财、量入为出，立志以成栋梁之材。

> ⊙ **教养精言**
>
> 作为一个有良好教养的人，要做到：不浮躁，让一颗心沉静下来，能够自我反省、自我修正；不奢侈，克己自律，养成质朴勤劳的德行。人世多扬尘，自己没有静下来的能力，就会尘灰满面；人世多诱惑，自己没有稳定的原则，就会心浮气躁，随波逐流。这都是很可惜的，也是很可怕的，因为它会使我们失去做人的本心与本色。

第二节　富贵不能淫，贫贱不能移，
威武不能屈

孟子曰："富贵不能淫，贫贱不能移，威武不能屈，此之谓大丈夫。"意思是：在面对富贵、利益的巨大诱惑时，头脑清醒而不沉迷放纵；身份贫困低贱而不会改变志向和操守；面对强权威胁不会屈膝低头。这样的人，才有资格被称为大丈夫。

在中国历史上，既有这样的大丈夫，也有面对种种考验改变了本心的悲剧性人物。

大约公元前 497 年，孔子离开鲁国。他带着一群弟子，长途颠簸，辗转迁徙，从一个诸侯国到另一个诸侯国。

他们一行人走过了中原，走过了荆楚，走过了齐鲁。白天，孔子在树下给弟子们传经布道；晚上，有钱就睡睡小客店，没钱就在树底下歇息。孔子被隐士嘲笑，被老农嘲笑，被楚人嘲笑，但孔子始终坚持道义。孔子和弟子们在陈蔡被兵马围困，九天只吃了三顿饭，弟子们饿得快要昏倒，孔子仍旧盘腿坐着给大家讲周礼、讲尧舜……

这大概就是贫贱不能移吧。

王冕出身贫寒，但勤学好问，学了一肚子学问。王冕长大后，朱元璋带兵征战，听说了他的大名，想请他做官，他不肯。后来，朱元璋干脆派兵前来，半是邀请，半是强迫，想让他出山帮助自己。王冕干脆出了家。

这大概就是威武不能屈吧。

在南北朝的尾声，陈朝的最后一位君主——陈后主陈叔宝，承继大统之时，本应是励精图治、重振朝纲之际。然而，他偏偏反其道而行之，将父辈们艰辛开创的基业，一步步推向了深渊。

他摒弃了先帝的简朴与勤勉，转而沉迷于个人的享乐之中，大兴土木，建造了临春、结绮、望仙三阁，这些楼阁高耸入云，金碧辉煌，一砖一瓦都透露着极致的奢华。沉香木与檀香木的香气随风飘散，黄金、玉石、珍珠、翡翠等珍宝镶嵌其间，仿佛要将世间的所有美好都汇聚于此。

陈叔宝热爱诗文，却忽视对国家的治理，每日里饮酒作乐，吟诗作对，完全不顾及国家的安危与百姓的疾苦。

更为可怕的是，陈叔宝对朝政的荒废，使得国家的治理出现了严重的漏洞。官员们贪污腐败，百姓们生活困苦，而陈叔宝却对此视而不见。他仿佛置身于一个与世隔绝的奢华世界中，完全忘记了身为君主的职责与担当。

后来，隋朝的军队攻入建康城，陈叔宝被俘，陈朝灭亡。陈后主荒淫无度、奢华误国，最终将国家推向灭亡的深渊。

这是一个反面典型，富贵而淫乐，最终亡国。

> ⊙ **教养精言**
>
> 　　世间种种丑态，或者是因为要风得风、要雨得雨而恣意妄行；或者是因贫困而倒了志向、改了心志；或者是因被强力威逼而卑躬屈膝。人若富贵，不能嚣张到以为天下皆在我彀中，否则必定会被天下人教做人；人若贫贱，也不能忘了自己的凌云壮志，要时时记得自己的初心；人若被强大的势力威逼，那就更不能屈服，须知腰一旦弯下去，想再直起来就难了。

第三节　天下兴亡，匹夫有责

顾炎武的《日知录·正始》中写道："保国者，其君其臣，肉食者谋之；保天下者，匹夫之贱，与有责焉耳矣。"后来，他这句话就被凝练为八个字：天下兴亡，匹夫有责。即天下苍生的兴盛和灭亡，对于每一个老百姓来说，都是义不容辞的责任。

北宋靖康二年（1127年），金军攻陷北宋都城汴京，北宋灭亡。这一年，岳飞二十出头。

岳飞饱读兵书、谙熟武艺，一腔热血，盼望有一天能够投身疆场，为国家报仇雪耻。

当他报名参军的时候，他母亲特意在他的背上刺下"尽忠报国"四个字。

宋高宗赵构重用主和派大臣，岳飞却不顾自己的官职低，上书给赵构，力谏赵构返回汴京，御驾亲征，率军队北渡黄河。这样一来，将帅一心，一定可以收复中原。于是，朝廷给岳飞安了一个"小官越过自己的职分，大放厥词"的罪名，把他革职了。闲居三个月后，岳飞又投奔河北路招抚使张所，继续转战在抗金的战场上。

岳飞率领的"岳家军"在抗金战斗中屡战屡胜，金兵统帅感叹："撼山易，撼岳家军难！"眼看着岳飞带领军队在抗金战斗中高歌猛进，胜利在望，皇帝赵构和宰相秦桧却以"孤军不可久留"为借口，在一天之内连下十二道金牌，强令岳飞退兵。岳飞悲愤至极，仰天长叹："十年之功，废于一旦！"

岳飞回到临安后，和他儿子岳云、部将张宪等人一同被杀害。

岳飞虽死，但其精神长存。在后世，秦桧等人的铁像被铸成反剪双手，长跪于岳飞墓前的模样，承接着万世骂名。有人题诗云："人从宋后少名桧，我在坟前愧姓秦。"

⊙ 教养精言

"天下兴亡，匹夫有责"的意思是国家的兴衰和荣辱，和每个人都息息相关。它强调的是个人在国家和民族命运面前的责任感。任何时代的任何时候，无论我们何种身份，从事何种工作，过着怎样的生活，都要有这份民族意识和爱国精神。

第四节　先天下之忧而忧，后天下之乐而乐

范仲淹的名篇《岳阳楼记》中有一句传诵千古的名言："先天下之忧而忧，后天下之乐而乐。"意思表达得明明白白：他要在天下人都忧虑之前，替天下人忧虑在先；他要在全天下人都快乐之后，他再快乐。

由此可见，他的精神境界之高尚，多么令人敬仰。可以说，他的一生都在践行这个原则：

范仲淹家境贫寒，苦读得中，开始做官，只不过是一个地方上的小官；但是，他这个小官管得特别宽。

唐代修的海堤已经残破不堪，年年海潮冲袭，百姓不堪其患，盐田盐灶被毁，庄稼农舍葬身海中，不知道卷走了多少条人命。海水退去，粮田变成盐碱地，无法生产庄稼，百姓们饭都吃不上，只好抛家舍业去流浪。

范仲淹上书江淮漕运张纶，建议在沿海一带重修海堤。有人指责他是越职言事，大白话就是管得宽。范仲淹说："我是盐监啊，老百姓都逃荒去了，盐从哪里收上来？筑堰挡潮，是我的分内事。"

历经波折后，150多里的捍海大堤终于修成，"来洪水不得伤害盐业，挡潮水不得伤害庄稼"。两千多户百姓原本逃荒去了，如今重返家园。百姓生活和海盐事业两受其利。

因为范仲淹首倡修堤，且又为这条大堤费尽心力，所以后来这堤被人称为"范公堤"。

范仲淹为母守孝期间，应晏殊之邀，主持应天书院的教务工作。他照样"越职言事"，直接给朝廷上万言书。万言书的主题非常明确：固邦本、厚民力、重名器、备戎狄、杜奸雄、明国听。

万言书受到奖掖，他被征召入京，担任馆职，为秘阁校理，负责皇家图书典籍的校勘和整理；但是，又因为他上书言事，遭到贬斥，外放出京。

尽管被贬，他在新的职位上仍继续上书，要求停止买木材修寺观的行为，这样才能顺人心、彰圣治。

天圣七年（1029年），宋仁宗下诏恢复制举六科。范仲淹上书要求转变浮夸的风气，鼓励人们认真求学。

反正无论在哪里，他都要上书。朝廷只要有风吹草动，就有他范仲淹的身影。范仲淹"每感激论天下事，奋不顾身，一时士大夫矫厉尚风节，自仲淹倡之"。

后来，他被任命为右司谏——这回他更是尽情进谏了。结果他的进谏得罪了皇帝和别的大臣，他又被贬官外放了。

景祐元年（1034年），范仲淹被调到苏州。太湖年年水灾，百姓房田被淹者超十万户，他一上任就张罗着清淤治水。他招人疏导入江通海的各条江河支流，又在河上设闸，雨时开闸放水，旱时关闸蓄水，灌溉农田。当地百姓感激他，把浦闸称为"范公闸"，把修筑的圩堤叫作"范公圩"。

景祐二年（1035年），范仲淹被召回京城，成为礼部员外郎天章阁待制。然后，他又与权阉阎文应对上了，范仲淹列举阎文应之罪，拟奏上疏。上疏后，他连饭都不吃了，给儿子留下"遗言"：我这次上疏，秉公心而清君侧，如果不能成功，一定会降罪被杀。我死后，你们兄弟可千万不要再做官了，就守着我的坟当教书先生吧，切记！切记！

好在这件事有惊无险，宋仁宗看了奏疏，把阎文应放逐岭南。阎文应在流放的路上就死了。

> ⊙ **教养精言**
>
> 哪怕人微言轻，也并不妨碍我们心怀天下。在考虑个人利益之前，一定要先考虑国家和人民的利益。有了这种精神，个体会超越自我，关注点更为深刻、更为广泛，胸怀更为光明、更为开阔。

第五节 人生自古谁无死，留取丹心照汗青

元军攻下了南宋都城临安，宋朝从形式上宣告灭亡。张世杰、陆秀夫和文天祥等一众宋臣不愿投降，先后拥戴年幼的皇室后裔赵昰和赵昺为帝，在沿海一带组建朝廷，维系着宋室政权，继续抵抗。

但是，因为势单力孤，文天祥被俘。文天祥被押至潮阳，元朝高官以上宾之礼待他，要他写信招降张世杰。

文天祥说："我不能保卫父母，还教别人叛离父母，这难道可以吗？"

元朝官员多次强迫他写信，他写下了著名的《过零丁洋》诗：

辛苦遭逢起一经，干戈寥落四周星。

山河破碎风飘絮，身世浮沉雨打萍。

惶恐滩头说惶恐，零丁洋里叹零丁。

人生自古谁无死？留取丹心照汗青。

"人生自古谁无死，留取丹心照汗青"的诗句表达了文天祥视死如归、一片丹心的慷慨热血和报国情怀。

南宋祥兴二年（1279年）正月，流亡到崖山的南宋小朝廷被元军三面包围。张世杰下令将海船用大绳索捆绑结阵，以示绝不逃亡的决心。

二月初六，元军发起总攻，宋军被击破，天色已晚，海面上风雨大作，陆秀夫对小皇帝赵昺说："事已至此，陛下应该为国捐躯，不要自取其辱。"他背着小皇帝赵昺跳入大海。赵宋皇族八百余人跟随着集体跳海自尽，许多忠臣追随其后。至此，南宋彻底灭亡。

张世杰率残部突围而出，西行到如今的海陵岛西南海域，遭遇暴风雨，海船在大浪中剧烈颠簸，最后全军覆没。

崖山之战中，宋军阵亡十万，海上都是尸体。身在元营的文天祥听闻惨状，心头惨痛难当。

元朝派人护送文天祥到京师，文天祥在路上绝食八天，没有死成。忽必烈召见文天祥，问他："你有什么愿望？"文天祥回答说："我深受宋朝的恩德，身为宰相，只愿一死。"

忽必烈知道他死志已决，对大宋忠诚不改，于是下令将他处死。但是忽必烈下了令又不忍心，急忙挥手要文天祥退去。文天祥临上刑场，从容不迫，对狱吏说："我的事完了。"他向南跪拜，然后从容赴死。

⊙ 教养精言

"人固有一死，或重于泰山，或轻于鸿毛"，那些名留青史的人，用生命书写了宁死不屈的崇高气节。面对国破家亡，虽然有苟且偷生之辈，但也有忠勇可嘉的义士为我们树立榜样。

第六节 心底无私天地宽

老子的《道德经》中说："天地之所以能长且久者，以其不自生，故能长生。是以圣人后其身而身先，外其身而身存。非以其无私邪？故能成其私。"

这段话的意思是：天地之所以能够长久，是因为它们并不追求自己的长久，反而更能够得到长久。所以圣人会把自己的生死置之度外，凡事争先而行，他们反而会因为自己的无私而得到不朽。

在陶铸的诗《赠曾志》中，化用了这句话，成为被人广泛传诵的名句："心底无私天地宽。"即心底无私，自己的天地才能宽广无限。

宋朝一本名为《唐语林》的书里，记载了这样一个故事：

一个叫崔枢的人去汴梁考进士，他和南方来的一个商人同住半年，交情莫逆。

后来，商人重病，死前对崔枢说："我的病看来是治不好了，按我们家乡的风俗，人死了要土葬，希望你能帮我这个忙。"崔枢答应了他的请求。

商人为了表达感谢，就对他说："我有一颗珍贵的宝珠，价值万贯，得之能蹈火赴水，我把它送给你吧。"

崔枢一开始答应了，可是后来越想心里越不安：我和他是朋友，我安葬他是应该的，怎么能够接受他这么贵重的谢礼呢？

所以，商人死后，他把商人与宝珠一起安葬。

一年后，商人的妻子千里迢迢来寻找亡夫，同时查问宝珠的下落。因为找不到宝珠，她就告到了官府。官府派人抓了崔枢："既然是你给他办的丧事，一定是你贪墨了他的宝珠。"

崔枢说："如果墓没有被盗的话，宝珠一定还在棺材里。"

官府派人开棺，发现宝珠果然在棺内。崔枢因自己的心地光明无私而逃过一劫。

> ⊙ **教养精言**
>
> 《孟子·尽心上》中说："君子有三乐，而王天下不与存焉。父母俱存，兄弟无故，一乐也；仰不愧于天，俯不怍于人，二乐也；得天下英才而教育之，三乐也。"这"仰不愧于天，俯不怍于人"便是其中之一。胸怀磊落、快意自得之境，正是君子所乐之处，是一个人最大最好的教养。

第七节　蜀锦征袍自剪成，桃花马上请长缨

明朝崇祯帝赐女将秦良玉四首诗，流传下来的其中一首为："蜀锦征袍自剪成，桃花马上请长缨。世间多少奇男子，谁肯沙场万里行？"

秦良玉是明末杰出女将，她亲手制作征袍，骑着桃花马，勇敢地请求出征，她的勇敢和忠诚令人敬仰。

我国连绵不绝的历史上，从来不缺为国出征和默默奉献的女英雄。

《诗经》里就讲了一个女子的故事：

冬十二月，狄人伐卫，卫国大败，被狄人占领。许穆夫人是卫宣公

与宣姜的女儿，嫁给了许穆公。当她听说自己的故国被狄人占领，心急如焚，星夜兼程，赶到曹邑。

就在她驰车千里，要奔赴故国的时候，却被许国的军队拦下，不许她离开。她慷慨激昂，发表演讲，告诉许国的军人：

我的故国国难当头，你们竟把我的思乡之情当作小女子的多愁善感。你们看哪！路旁的麦田长得多好，如果国家安定，没有战乱，谁都能安居乐业。我回去就是要实现百姓们安居乐业的梦想，所以要向大国求援。你们说来说去，闹闹嚷嚷，就算拿出千条妙计，也不及我冒着危险，出去亲自跑一趟。

——这是一个热爱祖国的女子的慷慨陈词。

我国第一颗原子弹成功爆炸后，为了获得核爆第一手资料，必须有人冒死空中采样，张连芳欣然领命，驾机冲向蘑菇云。在执行任务前，她微笑着拍下一张照片，如果牺牲了，这就是遗照。

她圆满完成任务但受辐射污染严重，头发一夜掉光。然而，一年后，她又毅然去执行第二颗原子弹爆炸后的采样。

张连芳是我国第二批女飞行员，叱咤蓝天 28 载，飞行近 4000 小时，执行过数百次任务。提到辐射对身体的影响，张连芳笑着说：只想到我们国家有原子弹了，我都没想我自己快要死了。

——身为女子，她为国家和人民做出了卓绝的贡献。她是中国所有伟大女子的缩影。

⊙ 教养精言

女子是美丽的，女子是娇柔的，女子也是聪明、坚强而勇敢的。在古代不乏奇女子的出现，在现代更是有做出卓绝贡献的女子为国家和社会的文明发展增光添彩。这样的女子值得我们尊重和敬佩，并且以她们为榜样，为国请长缨。

第七章

谦逊待人，敦厚处世

　　《道德经》中说："持而盈之，不如其已；揣而锐之，不可常保。金玉满堂，莫之能守；富贵而骄，自遗其咎。"是以聪慧不可用尽，功劳不可自伐，勇力不可自傲，富贵不可骄蛮。为人自当谦逊，处世亦且敦厚。

第一节　为人当谦逊

古人有云："木秀于林，风必摧之；堆出于岸，流必湍之；行高于人，众必非之。"在人群中生活，谦逊低调是必要的，否则容易遭人嫉妒、被人诟病，甚至可能被置于死地。

曹操要招降刘表，孔融推荐了祢衡。

祢衡来到曹操面前，把他手下的得力文臣武将都大大地贬低一通："荀彧能给人吊丧问疾，荀攸能替你看坟守墓，程昱能给你当门官，关门闭户；郭嘉能给你说说词、念念赋；张辽能被你派来击鼓鸣金，许褚能被你派去牧牛放马，乐进能给你取状读诏，李典能给你当个传书送檄的邮差，吕虔凑合着给你磨磨刀、铸铸剑，满宠能跟在你身边喝点儿小酒、吃点儿酒糟；于禁能当长工使唤，搬砖筑墙；徐晃顶多是个屠户，屠猪杀狗……这些人好赖还算个人物，别人更加烂泥扶不上墙，都是些衣架、饭囊、酒桶、肉袋！"

曹操问祢衡有什么本事，祢衡把自己夸到了天上："我天文地理，无一不通；三教九流，无所不晓；上可以辅佐你成为尧、舜；下可以和孔子、颜回匹配。我的本事，怎么能和凡夫俗子相提并论。"

曹操对祢衡的狂妄十分不满，也不重用他了，就让他当一个鼓吏，去敲鼓给人助兴，以此来羞辱他，结果他把衣裳一脱，赤身裸体站在大家面前，自言非是无礼，只不过是显露父母给的形骸，给大家展示他的清白之躯。

曹操问："你是清白的，那，谁是污浊的？"

祢衡又大放厥词："你不识贤愚，是眼浊；不读诗书，是口浊；不纳忠言，是耳浊；不通古今，是身浊；不容诸侯，是腹浊；常怀篡逆，是心浊！我，天下名士，被你给当成一敲鼓的，你想成王霸之业，就这么对待贤人吗？"

曹操气得很想一刀杀了祢衡，不过看在孔融的面上才免了祢衡一死，然后派祢衡去劝降刘表，任务完成就封祢衡当大官。

没想到祢衡不改狂妄之气，刘表也非常不喜欢他，但是也不愿意杀了他，让天下人笑话自己不能容人，于是就把祢衡派到了脾气暴躁的黄祖那里，想借刀杀人。

结果祢衡在黄祖这里仍旧不改老毛病，在酒宴上出言不逊，大骂不止，黄祖气得要死，干脆下令杀了他。

祢衡狂妄，行事怪诞，纵使胸中万千才学，也只落得个被杀的下场。

> ⊙ **教养精言**
>
> 盛名之下，许多人被冲昏头脑，昏昏然，陶陶然。才高之下，许多人以为自己前无古人、后无来者，尾巴翘得太高。于是历代以来，许多盛名高才之辈都栽了，思之怎能不令人生出自警之心呢？

第二节 待人要包容

包容是"大肚能容，容天下难容之事"，是"世事沧桑心事定，胸中海岳梦中飞"。包容不是懦弱，不是忍让，而是察人之难，谅人之过。

有一个叫士成绮的人对深孚人望的老子很不服气，就去拜访他。

士成绮一来到老子的住处就开骂："我听人赞你有大智慧，可是，眼前所见，你的住处像鼠洞，菜蔬满地丢弃，杂乱不堪。我真是白来一趟。"

老子并不反驳，而是平静地听他斥骂。

士成绮回家后，一夜没有睡好，第二天，他又来拜访老子。老子接待他一如往常。

他问老子："昨天我骂了你，还说你的住处像鼠洞，你居然一点儿也不生气。我明明胜利了，心里却若有所失，这是怎么回事？"

老子说："万物平等，所以，哪怕你把我的住处比作鼠洞，我也不会生气。"

士成绮听了，马上移偏了座椅，觉得自己没有资格和老子相对而坐。

他又继续请教老子："我要怎么做才能真正体悟到真理呢？"

老子回答："你昨天来的时候，摆着吵架的架势，眼睛里都露出了凶光，可见你的内心浮躁不安。一个自以为是、傲视他人、喜欢辩论的人，他的心里一定是不自由、不自在的。当一个人心浮气躁，就像天地间扬起了浮尘，真理被隐没在浮尘中，这个人是看不见真理的。"

老子的意思是：一个自以为是的人，是不会包容他人的，如同针眼里钻不进庞大的骆驼，针尖上顶不住柔软的丝帛。放下自己的自矜自傲，方能海纳百川。要知道，无边的天空容得下任何一朵云彩。

⊙ 教养精言

什么样的人都可能遇到，什么样的事都可能发生，有的时候无法选择，也无法逃避，那就试着接受。允许他人的出现、接受事件的发生，心胸就能如大海般宽广。

第三节　君子有所为有所不为

《论语》的《义礼篇》中说："君子有所为，有所不为，小人亦有所为，亦有所不为。然君子之所为者，乃天降之大任也，小人之所为者，唯己利是图耳。"意思是：做人做事不要唯利是图，而要当为者为，不当为者便不为，所谓众善奉行，诸恶莫为。

在元朝初期，有一位名叫许衡的学者。有一次，正值盛夏，他和别人途经河阳，发现了一棵挂满果实的梨树。正值梨子成熟之际，金黄的梨子在阳光下显得格外诱人。由于长途跋涉，众人皆感口渴难耐，见到这棵梨树，便纷纷上前，准备摘梨解渴。

然而，就在大家伸手欲摘之时，许衡却在梨树下安坐如常，不为所动。朋友们见状，十分不解，纷纷劝道："这梨树生长在荒郊野外，又没有主人，我们摘几个解渴又有何妨？"

许衡听后，轻轻摇了摇头，回答道："虽然这梨树无主，但我们心中应有主。未经允许，便擅自摘取他人财物，即使是无主之物，也是不合乎道义的行为。再者，若人人都以无主为由，随意取用，那世间的秩序与道德何在？"

此事过后，许衡不摘无主之梨的故事便流传开来。他用自己的行动诠释了"慎独"的精神，即在没有他人监督的情况下，依然能够坚守内心的道德准则，做到言行一致，不为外物所惑。

真正的品德修养，不在于人前的光鲜亮丽，而在于内心的坚定与纯净。无论外界环境如何变化，我们都应坚守自己的道德底线，做到问心无愧。

天下之士，未必都敢舍生忘死，但哪怕只是不动声色地保持自己的良知和正直，也值得敬佩。这应当就是君子的有所为有所不为。

⊙ 教养精言

《孟子》中说："君子有所为有所不为，知其可为而为之，知其不可为而不为，是谓君子为与不为之道也。"人要审时度势以决定取舍，但无论怎样审时度势，基本的良知和底线都是不能践踏的。

第四节　见贫而不骄

做人不可傲慢到见了贫苦之人就骄横；不可手里有了一点权力，见了平民百姓就骄狂。做一个有温度的人，做一些有温度的事，才是良好教养的体现。

作家周晔的一篇散文《我的伯父鲁迅先生》，讲了鲁迅先生救护、帮助一个黄包车车夫的故事。

作者同父母在鲁迅先生家附近发现了一个受伤的黄包车车夫，车夫的脚上没有穿鞋，不小心踩在了碎玻璃上，玻璃片扎进了车夫的脚底，流了一摊血。作者的父亲问明情况后，从鲁迅先生家里拿了纱布和药，与鲁迅先生一起给车夫治伤。鲁迅先生还给了车夫一些钱，叫车夫在家休养几天。

鲁迅先生热心帮助黄包车车夫的举动，体现了他对贫苦劳动人民的深切关怀。他见贫而不骄，慷慨给予车夫帮助，用暖心的行为传递善意的温度。这才是一个有良好教养的人应该做的事。

> ⊙ **教养精言**
>
> 真正的教养，是遇到比自己更贫穷、更弱小的人时，一定不会骄横跋扈，以势压人，使人雪上加霜，而是适时地伸出援手，给予力所能及的帮助，用友善的态度和行为传递雪中送炭的温暖。

第五节　施惠无念，受恩莫忘

"但行好事，莫问前程。"做人并非事事都要回报，有些事情只管去做，做了心里安稳，至于结果如何，且不去问。

有这样一个民间故事：

朱生在嘉兴做生意，积攒了一百多两银子，教他做生意的师父又送了他一百两银子，让他带着二百多两银子回乡成亲。结果他前脚刚走，后脚又回来了，说是银子被小偷偷走，他需要继续攒钱。

事实上，却是朱生在一家客栈里听到隔壁两个妇人在痛哭。经打听，朱生才知道她们是婆媳俩，媳妇长得很美，她丈夫在外地谋生，但是最近在打仗，道路不通，丈夫已三年不通音讯。婆媳俩快要生活不下去了，婆婆无法，打算把媳妇改嫁给一个富家子，这样婆婆可得到一些聘金，媳妇也有了依靠，两个人都不至于饿死。只是婆媳俩彼此无法割舍，故而抱头痛哭。

　　朱生心头哀怜，假托她们儿夫的名义写了一封信，他自己假扮信使送信给婆媳俩，谎称是儿夫向她们问好，并托人捎给她们二百两银子。婆媳二人喜出望外。

　　朱生又给家里写信，推迟婚期，然后返回嘉兴。

　　一年多以后，朱生再次带着钱动身回乡，仍住在那家客栈，得知婆媳二人得了二百两银子，婆婆便打消了让媳妇改嫁的念头。过了没几个月，她们的儿夫回来了，还发了大财，然而他说自己并没有托人送过信和银子。

　　朱生也没说什么，第二天就动身回家完婚。

　　一年多以后，他再次启程去嘉兴，仍宿在那家客栈。他出门散完步、返回客栈的时候恰好遇到那个婆婆，她衣着光鲜，看见朱生以后，神色欣喜，正想说什么，朱生已经回到客栈里。过了一会儿，那家人的儿子就找了过来，恳请朱生去自己家中做客，说是听客栈主人说朱生擅长书法，而自己却不会写字，记室又不在，所以请朱生帮忙写一封信。

　　朱生并不想去，却被死拉活拽到了那人家里，然后那人请朱生替他写一封信，及至写完，那人把信拿了出去。

　　没一会儿，朱生就被请到堂屋正中的高背座椅上，婆媳二人盛装前来拜见，儿子也和她们一起对朱生大礼参拜，口称"恩人"："若无恩人相助，我们焉有今天？"

　　朱生起先不承认，他们就拿出朱生先后两封信做对比：笔迹毫无二致。

　　朱生说："我只不过一时起了恻隐之心，是老天爷惜老怜贫，借我之手资助你们。我如何敢贪天之功？"

此后，这家人的儿子和朱生结为兄弟，朱生为长，二人友爱非常。

后来，朱生父母去世，义弟把自己的一块风水宝地送给朱生，将朱生的父母风光下葬。

朱生的师父听说了朱生的事，觉得朱生人品可贵，对朱生更为倚重。师父临终前，因其子幼小，就把生意全盘交托给朱生，待其子长成再把生意交还给师父的儿子。

朱生因做生意诚信而获利甚丰，师父的儿子长成后，朱生没有完全按照当初的约定，除了把生意交还给师父的儿子，还把积年经营所得分了一半给师父的儿子。

⊙ **教养精言**

做了好事，比如，经济上接济了别人，心理上抚慰了别人，或者给身陷困难的人捐了款，这些都是在行善积德。帮了别人，不必时刻记着，更不要计较别人是否回报。如果受了别人的帮助，那就一定要记住，因为没有谁有义务必须帮助你，而当别人出于关怀和爱心帮助你的时候，你如果转头就忘，就成了忘恩负义的人。

第六节 待人以诚

待人以诚，是立身之本。唯有诚心相待，才能赢得信任。真诚有时可能会吃眼前亏，却可走得更长远；虚伪有时或许能得一时之利，却终难长久。

司马光是北宋政治家、史学家、文学家，他历仕宋仁宗、宋英宗、宋神宗、宋哲宗四朝，名望甚高，而且清廉节俭，诚实正直。

司马光有一段时间生活潦倒，经济困难，不得不把爱马卖掉换钱。

他的爱马毛色纯正，性情温顺，只是有些小恙——夏季会犯肺病。他交代管家卖马时要专门提醒买家："这匹马到了夏季是会犯肺病的。"他让管家一定要把这一点讲给买马的人听。别人知道后还愿意买的话，价钱可以再低一些。

管家失笑："咱们卖东西的，怎么能自曝其短呢？"

司马光说："一匹马能卖多少钱，是小事；不能待人以诚，坏了自己做人的名声，是大事。"

清代乾隆年间，有一个点心店的店主，名叫李沙庚，他刚开始做点心时，讲究真材实料，所以宾客盈门。但是后来他越做越偷工减料，弄虚作假，人们就逐渐不再登门了，于是他的点心店越来越门庭冷落。

一天，书画名家郑板桥来到点心店里，李沙庚就求郑板桥给他题写店名"李沙庚点心店"，想借名人效应来为自己的店铺招徕人气。郑板桥也不拒绝，挥毫泼墨，题写了六个大字。

李沙庚欣喜万分，赶紧制作成牌匾挂在门口。只是，那些识字的人每每惊呼这是郑板桥的墨宝的同时，又指指点点，摇头晃脑一番，转身走开了，并没有光顾点心店的意思。

李沙庚仔细观察，才发现郑板桥写的"心"字少了一点——原来这才是人们指指点点的原因。

李沙庚找到郑板桥，请郑板桥把那一点给补上。郑板桥说："我写得没错啊！你的点心店之前之所以宾客盈门，是因为'心'有这一点；现在生意惨淡，是因为你的'心'少了一点啊。"

李沙庚这才恍然大悟，明白郑板桥是借此点拨自己，于是知错能改，不再只想着借名人效应来招徕生意，而是拿出诚心，足材足料做点心，他的生意又好起来了。

做生意也好，做人、做事也罢，我们一定要把眼光放长远，以诚待人。

⊙ **教养精言**

一个人最大的教养，其实就是待人真诚。只有以真心换真心，社会才能和谐，才能建立稳定、可靠的人际关系，在获得他人信任的同时，路也会越走越宽。那些机关算尽的小聪明，看似获得了一时的利益，实际却失了人心。

第八章

教当重，师当尊，业当勤

　　教育是立国之本，教师是兴教之源。尊师重教，方能薪火相传；勤学敬业，方能人才辈出。

第一节 为师当有德

"学高为师，身正为范"，教师在具备专业渊博的学识之余，还要具备高尚的职业道德和良好的师表形象，这样才能够做到学识与道德修养的和谐统一。

一个校长在给学生分发饭菜的时候，发现每次有虾这道菜时，有个小男孩一只虾也没吃。校长问小男孩："你的虾为什么不吃？"小男孩回答："留着。"原来他要把虾带回去给患病的哥哥吃。

校长又心疼地给小男孩加了一勺虾，在校长的监督下，男孩象征性地吃了两个。校长看他吃得香，又给他加了满满一大勺，并且告诉这个孩子，孩子的哥哥也是他的学生，校长让小男孩转告哥哥，这虾是校长给带的。

这天，校长特地带着西瓜来探望小男孩的哥哥，看到哥哥正在辅导弟弟写作业。校长亲自切了一块瓜给哥哥，并且给哥哥带来一笔爱心捐款，一张一张地数好，然后把钱压在破旧的炕被底下，嘱咐哥哥想吃什么就给爸妈说，这笔爱心捐款就是专门给他用的，还拍了拍哥哥的脑袋——二十多年过去了，校长依然把哥哥当孩子。

可看到如今只能躺在床上的哥哥，校长心里很不是滋味儿，找借口说要用毛巾擦汗，实际是为了偷偷擦干眼泪，转身便激励哥哥要坚强、乐观。

不久后校长再次来看哥哥，这次他为哥哥带来了一张护理床，临走时又留下了三千元的善款，仍旧一张一张地清点好，给哥哥放好。帮着来安装护理床的，都是校长以前教过的孩子。

又过了不久，有爱心人士给哥哥捐赠了电动轮椅，校长又急忙给哥哥送来，哥哥已经二十年没有出过门了，把哥哥转移到轮椅上后，校长亲自推着哥哥，讲解着轮椅的各种功能，走时再次留下了一笔爱心捐款。

校长帮助的，不止这一个。

有一个女孩，校长第一次见她时，女孩还没有一米高。校长比画着，他的胳膊放下又抬起来：如今女孩的身高都超过校长了。

校长问女孩这次考了第几名，女孩有点不好意思地说这次考得不太好，才第四名，不过有一科考了年级第一。

校长笑逐颜开，伸出手掌和女孩击掌。校长临走时同样给女孩留下了爱心捐款。同样的动作，很用力很清晰地一张一张数清楚，然后双手交给女孩，女孩双手接过来。

校长发现女孩的鞋子破了，便带她去鞋店买新鞋，并且嘱咐女孩鞋子破了就来这里买新的，自己会把钱转给鞋店老板，女孩子千万不要将就。

——九年了，校长没有辜负女孩父亲临终前的重托。

在学校里，校长每次都给孩子们亲自打菜，他会给孩子的碗打得满满的，他打饭的手从来都不会抖。一个小女孩笑着央求再来一勺，他就开心地说着没问题，然后再加一勺，还贴心地问：现在够了吗？他还会跟孩子们分享自己饭盒中的食物……

这样的老师，怎么会不被学生爱戴呢？

⊙ **教养精言**

教师对学生的关心与爱护，如春风化雨，滋润温暖着学生的心田。这份温暖不仅来自专业知识的传授，更源于为师者以德立身、以爱育人的赤诚之心。教师应坚守"立德树人"的初心，用温暖和爱心书写最动人的教育诗篇。

第二节　为学莫过于尊师

若想修得一身学问，没有老师传授知识是不行的，自学成才者虽然多，却不及得师传授而成才者多；若想练得一身本领，没有老师带进门也是很难的，盲目瞎练、横练，走多少年弯路，也不见得能够走上正途。所以，想要成就一番事业，不尊师怎么行呢？

曾子是孔子的弟子，有一次，他在孔子身边侍坐。孔子问："以前的圣贤之王有至高无上的德行、精要奥妙的理论，用来教导天下人，人们就能和睦相处，君王和臣下之间也没什么不满的。你知道这是为什么吗？"

曾子一听，知道这是老师要教导给他深刻的大道理，马上站起来，走到席子外面去，恭恭敬敬地回答："我不够聪明，哪里能知道，还请老师把这些道理教给我。"

曾子就是这样一个尊师守礼的人。

鲁迅非常尊师重道。他的启蒙老师是寿镜吾先生，无论是在南京求学，还是远赴日本深造，抑或是后来在北平工作，每当他回到家乡，总不忘前去探望寿镜吾先生。即便是从日本归来完婚之时，他也特地绕道去寿镜吾先生家中拜访。在北平工作期间，他仍保持着与寿镜吾先生的书信往来。寿镜吾的夫人不幸离世，鲁迅更是专程送去挽幛，以表哀悼之情。

对于他在日本的老师藤野先生，他也同样怀有深深的敬意，甚至在自己的书桌对面悬挂着藤野先生的照片。1935 年，当日本友人增田涉翻译的《鲁迅选集》即将定稿时，鲁迅还特地强调："一切随意，但希望能把《藤野先生》选录进去。"鲁迅临终前还曾委托增田涉打听藤野先生的近况。

尊师重道，不仅是礼仪，更是求学的根本。从古至今，尊师重道，已成传统，并且代代相传。

⊙ **教养精言**

教师是人类文明的传播者，是各行各业人才的培育者，更是一个国家兴旺发达的奠基者。开蒙启智由师而始，求学上进由师教授，努力向学由师督促，改变人生和命运由尊师开始。

第三节　国若兴，必先尊师而重教

一个国家若想兴旺发达，就不能不尊师重教，否则无人启蒙开智，人民处于蒙昧和无知的状态，怎么能够托举国运？所以，对于称职的好老师，国家必定会给予极大的荣誉和尊重。

张桂梅，原名张玫瑰，出生于黑龙江省牡丹江市，于 1974 年到云南支教。2008 年，她筹建了丽江华坪女子高级中学，这是全国第一所全免费的公办女子高中。

她让很多女孩子走出大山。她的学生中，有的当上医生，有的成为教师，有的成为交通警察，有的是研究生，有的在法院工作，有的做了实习律师。她的一个在小学教书的学生身边，孩子们一起面对着镜头，用清澈的童音呼喊着"张老师好"。一个女孩面对着镜头，对张桂梅老师说："张老师，谢谢您当年把我录取进女子高中，给了我一个开始学习的机会，让我今天能够在杭州拥有和以前不一样的人生。"另一个女孩对张老师说："张老师你知道吗？长大后我也成了您，也站上了这三尺讲台。您就像一束光，照亮了我整个人生。"

她身为教师，如同蜡炬，燃烧和奉献了自己的全部生命。在《感动中国 2020 年度人物颁奖盛典》现场，张桂梅双手贴满膏药，主持人问她的手怎么了，她回答关节疼。如果不贴膏药，手就伸不开、不能动了；贴上膏药，还能动一点。主持人问贴了多长时间，她回答有几年了。主持人说："您这是在拼命啊。"张桂梅说："拼就拼一点吧。"

网上有人这样评价张桂梅老师："那个山村的张老师，今年我看到她培养的学生全部上榜。她为了什么？论官衔，她没有太高的职位；论财富，她的收入是很微薄的。但是，她的情怀感动了亿万人民。她把山村的女孩子送入大学校园谈何容易？她博大的胸怀、深深的家国情怀，让我们对她称赞不已，她那柔弱的身躯在人民心中显得那么伟大。"

因为她的努力拼搏、她的付出奉献，她被国务院授予"全国先进工作者"，被中华全国妇女联合会授予"全国三八红旗手标兵"称号，被中共中央授予"全国优秀共产党员"称号，被中共中央宣传部授予

"时代楷模"称号，入选《感动中国》2020 年度人物，获得"七一勋章"，获得第八届全国道德模范荣誉称号……

这是国家给她的荣誉，也是国家尊师重道的鲜明体现。

> ⊙ **教养精言**
>
> 一个国家的发展与强盛，离不开一个个人才的奉献与付出、托举与支撑。而人才的培养离不开教育的春风化雨，教育离不开教师的殚精竭虑。国家尊师而重教，人才则如雨后春笋般萌发不绝。

第四节　重教兴学育人才

范仲淹为母守孝期间，应晏殊之请，主持应天书院的教务工作。

他把全副精神都用在了教育事业上面，吃住都和学生一起，给学生制订学习计划和作息时间表，经常查寝，处罚违规的学生。让学生写命题作文时，他也先写一篇试试水。

范仲淹可以说是集班主任、教导主任、政教处主任三位于一体，应天书院学风一新，前来就读的学子八方纷至沓来。范仲淹很高兴，就拿出自己的工资来请学生吃饭，搞得自己家里都快揭不开锅了。

有宋初"理学三先生"之称的孙复、石介、胡瑗，都出自范仲淹门下。其中，孙复和石介就是范仲淹执教应天书院时的学生。

接下来着重说说孙复这个人。

孙复家里穷，只能游学乞讨。这天，穿得破破烂烂的孙复来拜谒范仲淹。范仲淹看他可怜，送了他一千文钱。

一年后，他又来了，还是想要些钱。

范仲淹又给他了，不过也问了一个让他有点儿难堪的问题："你怎么到处乞讨，不安心读书呢？"

孙复说家有老母，却无生计，若是每天能有百文钱奉养母亲，自己就可以安心读书。

范仲淹就替他在学院里谋了个兼职，一个月有三千文钱的进项，恰合他说的每日百文之数。从此，孙复就一边工作，一边跟着范仲淹读书。十年后，有一个学者德高望重，在泰山收徒授经，他就是孙复。

后来，范仲淹被调到苏州，继续抓教育。

原本范仲淹是要在南园买地建自住房的，结果有风水先生卜算说此地是风水宝地，居住此地的人，世代出公卿。范仲淹说：我住这里，只能保我一家富贵。不如在这里建一所学校，使更多人受惠。于是，这里就成了校址，而且房子盖得又大又多。

有人问范仲淹：盖这么大、这么多的房子干什么？能招上来这么多学生吗？

范仲淹自信满满地说：我还怕将来住不下。

两个著名的学者胡瑗和孙复被范仲淹请来讲学，孙复就是当初范仲淹接济的那个穷秀才。

栽得梧桐木，引得凤凰来，一时之间，求学者纷纷。郑元祐在《学门铭》中说："天下郡县学莫盛于宋，然其始亦由于吴中，盖范文正以宅建学，延胡安定为师，文教自此兴焉。"

⊙ **教养精言**

范仲淹重视教育，把"兴学"当作培养人才的根本手段。人才是国家发展的基石，范仲淹执教有方，培养了不少优秀人才。范仲淹和他的学生积极投身于兴学育人的伟大事业，乃教育界之楷模。今天更应当学习范仲淹"以天下为己任"的教书育人思想，号召社会各界人士广泛参与和支持教育事业的高质量发展，共同绘制人才培养的宏伟蓝图。

第五节　朝闻道，夕死可矣

"朝闻道，夕死可矣"出自《论语·里仁》，即早上悟透了做人的道理，到晚上死去也没有遗憾了。

世间大道，值得人拼尽全力、耗尽一生去追求。起步晚也没有关系，哪怕是早晨悟得了人生大道，晚上就要死去也没有关系。因为自己的追求有了结果，对人世大道已心中明晰。

汉宣帝时，长信少府夏侯胜因直言不讳地评论诏书内容而被弹劾。而丞相府长史黄霸因仰慕夏侯胜的学识，选择压下弹劾的奏章。结果这两人皆获罪，被打入死囚牢中。

夏侯胜以研究《尚书》精深而名扬四海，黄霸在牢房中请求夏侯胜向自己传授经学。

夏侯胜不禁苦笑："吾等皆将死之人，学此又有何用？"黄霸却答："孔子云，'朝闻道，夕死可矣'。若能得先生指点，即便明日赴死，亦无憾矣。"

于是，二人一教一学，忘却了当下的苦难，沉浸在学问的海洋中。

夏侯胜倾囊相授，黄霸则尽心而学。

三年时光，转瞬即逝，汉宣帝大赦天下，两人得以重见天日。

夏侯胜因学识渊博，被任命为谏议大夫。他极力举荐黄霸，于是，黄霸被任命为扬州刺史。

苏洵是北宋文学家，他十八岁的时候，参加进士考试落榜，从此就到处游历，放弃了学习。在这期间，他成家立业，生了苏轼和苏辙。

但是在他二十七岁这年，他又想求学了，可又有所担心，就问自己的妻子："我如果一心读书，就没有时间料理家务了，那该怎么办呢？"

他的妻子说："很久以来，我就想要劝你发愤读书，家里的事情你不用管，交给我就好了。"

于是，苏洵开始专心读书，终于成了散文大家，和两个儿子都位列唐宋散文八大家之一。

⊙ 教养精言

世界很大，值得我们去做的事情有很多。凡是值得一做的事情和心中想做的事情，只要是有利于世界、有利于人生的，那就及早去做吧，就从现在、从此时做起。

第九章

朋友相交，择善而从

　　与正直勤勉的人相交，能受其熏陶而进步；与品行不良的人为伍，难免沾染不良习气。所以，交友贵在择善而从。

第一节　识得君子在何处，心中自有明镜台

所谓的良师益友，即：有共同的思想基础，有一样的精神追求，有相通的审美情趣，有一致的心灵律动，而且在山遥水远的岁月里，心意相通。哪怕个性不同，脾气迥异，却有着统一的精神境界。这样的朋友相交，方称君子之交。

1933 年 7 月的一天凌晨，一阵儿急促的敲门声惊醒了鲁迅夫妇。他们忙打开门，瞿秋白夹着一个小衣包，急忙走了进来——这是瞿秋白第三次紧急到鲁迅家避难了。原来，特务在上海法租界的搜捕行动愈演愈烈，致使瞿秋白处境危急。"到周先生家里去吧！"在危难时刻，瞿秋白首先想到的就是鲁迅。

他们二人未谋面之前，就已经彼此熟悉，互相仰慕对方的文采和学识，一见如故，"就真像鱼遇着水"（许广平语）。此后的岁月里，他们相互砥砺，共同创作，共同奔波在拯救民族危亡的道路上。瞿秋白被捕入狱，鲁迅先生到处托人营救；瞿秋白壮烈牺牲，鲁迅先生强支病体，为瞿秋白的新书作序。鲁迅先生性情孤傲，却把瞿秋白引为知己，并赠他一副对联："人生得一知己足矣，斯世当以同怀视之。"

⊙ 教养精言

《小窗幽记》里说："赏花须结豪友，观妓须结澹友，登山须结逸友，泛舟须结旷友，对月须结冷友，待雪须结艳友，酌酒须结韵友。"人与人之间的交往，贵在志同道合。自己要做一个很好的人，方能结交到很好的朋友，拥有牢固的友谊。

第二节 朋友相交，互相扶持

朋友之间，同声相应，同气相求，彼此扶持，是交友的修养。

沈从文 18 岁到北京，住在亭子间里，冬天用旧棉絮裹住双腿，冻得流着鼻血还在写小说。郁达夫去敲门："哎呀……你就是沈从文……你原来这么小……我是郁达夫，我看过你的文章，好好地写下去……我还会再来看你……"然后，他请沈从文去吃葱炒羊肉片，还把结账后剩下的三元二角多零钱全给了沈从文，沈从文伏在桌子上哭了起来。

1913 年，初出茅庐的梅兰芳首次应邀到上海演出，著名须生王凤卿为头牌，梅兰芳为二牌。王凤卿热心提携后进，向戏院老板极力推荐梅兰芳演大轴戏。老一辈的举荐，使梅兰芳得展其力，崭露头角。他得享大名之后，也开始薪火相传，提携后进。1923 年，十二岁的李万春红遍京城，被誉为"童伶奇才"。1926 年，梅兰芳把李万春带到上海，扩展地盘。一天，梅兰芳对管事人说："出牌时写上，最后是李万春《劈山救母》。"管事人一愣："万春蹲底，成吗？别说'起堂'（观众大散），'抽签儿'（观众零星撤席）也不好啊！"梅兰芳斩钉截铁地说："你放心，准成！万春有这个火候，拢得住观众。"演出那天，李万春的戏不仅蹲住了，而且非常火爆，就此红透大江南北。

⊙ **教养精言**

朋友之间，需要互相扶持，先行者愿意给后来者让位，助其有施展空间，这样方算真朋友。所以交友要先做人，做人要心胸开阔，有容人的雅量与助人的气度，方能于世路行走中令人敬仰。

第三节　情同朱张重信义

朋友相交，不能只在于酒肉饭局之间、欢歌笑语之际。真正的朋友是能够互相帮助的。

东汉时期，河南南阳有两个人，一个叫朱晖，一个叫张堪。张堪和朱晖在太学里成为同学，不过交情很浅。到两个人学业有成要分开的时候，张堪竟然拜托朱晖说："我身体不好，如果有一天我因病去世了，请你务必照顾我的妻儿。"

没想到，张堪真的英年早逝。朱晖得知后，就开始资助张堪的妻子和孩子的生活。朱晖的儿子长大后，对父亲的做法很不理解。朱晖说："我虽然和张堪相交不深，但他生前曾将他的妻儿托付给我，这是因为他信得过我。我虽然当时没说什么，但是，我心里已经承诺了，那我就要守住这份承诺。"

南阳太守想要褒扬朱晖的善行和义举，就想征辟他的儿子当官，朱晖却跟南阳太守说："我的儿子才华有限，恐怕不适合当官；但是我的故友张堪的儿子学习勤奋，严谨守礼，是个人才。"于是，张堪之子就做了官，而且廉洁奉公，勤政为民，没有辜负朱晖的期望。

朱晖和张堪的故事留下了一个典故：情同朱张。

⊙ **教养精言**

朋友相交，"信"字为先。出我之口，入你之耳，既成约定，便当践行。人无信不立，情无信不久。能够经历风雨的友情，从来都筑在"既信且义"的磐石之上。

第四节　结交在相知，骨肉何必亲

朋友就是一曲音乐，在滚滚红尘为稻粱谋的时候，可以对市侩、庸俗、计较起一种适当有效的屏蔽作用，让自己在生计之外的精神层面，有一个较为自由顺畅的呼吸，如同菊花丘山之于陶五柳，鲈鱼莼菜之于张季鹰。

唐朝大诗人王维有一个好朋友，叫裴迪。王维在辋川有一处庄园，此地有山有水，风景优美。他和裴迪走遍了辋川。

他们在茱萸沜看红红的茱萸果，又闻到了飘香的花椒和桂花。他们在路上见到了遮蔽道路的宫槐，又踏过绿苔。秋天山雨多，黄叶满径，无人打扫。

他们在临湖亭小坐，湖上有小舟迎来上客，一起当轩对酒，四面有芙蓉开放。他们在欹湖吹箫，一边吹着一边回头，看到山色青青，天上翻卷着白云。

他们一起穿行在柳浪之中，绿柳倒映在水中。他们一起到了栾家濑，看着秋风之中，水浅浅地流泻。水波跳荡泼溅，白鹭受惊飞起复又落下。

他们一起喝金屑泉的水，彼此说说笑笑，说喝了金屑泉的水，少说也得活一千多岁。他们一起走过白石滩，绿蒲一丛丛地铺展。

他们在竹里馆里一待就是一天，一个人坐在竹林里弹琴长啸，一个人背着身仰望深林明月。

他们跑到辛夷坞来看木末芙蓉花寂寞地在山中发出红萼。他们来到漆园，想起庄子也当过漆园吏。裴迪说，咱们来漆园一游，也就得了庄叟那样的快乐。

他们又跑到椒园来看花椒树。两个人走一处，写一处。你写一首，我写一首。喝喝酒，写写诗，唱唱歌，弹弹琴。

幸得有裴迪，王维的日子才过得不那么孤寂。后来，在安史之乱中，王维被叛军掳往洛阳囚禁，裴迪特地冒着风险去看望他。他们两个是真朋友。

⊙ 教养精言

朋友间不只有吃吃喝喝，更有志同道合。王维是大官，裴迪只是个秀才，但是两人的交往不以身份为局限，而以志趣为依托，所以显得那样清新脱俗。在王维落难之时，裴迪能够冒着风险去看望他，更显示出这份友情的纯真淳厚。

第五节　君子之交淡如水

"小人之交甘若醴，君子之交淡如水。"这句话源自《庄子·山木》。意思是：小人之交出于利益相关，所以看起来甜蜜如醴，却难以长久，一旦利益受损就会断绝；而君子之交则淡泊如水，虽然看上去平平淡淡，但是基于彼此之间的真诚和尊重，其中不含有功利之心，因此能够长久维持。

一千多年前，一个茫茫雪夜，有个人一觉睡醒后，开窗，饮酒，在室内徘徊，朝窗外看去，入目一片白，这使他胸怀喜悦，又忽觉若有所失，起而吟诗，又想着此时若有好友相对清谈，该有多好。于是，他忽然想起远方的一个朋友，一下子觉得连天明也等不及，一定要当下便乘船去找这个朋友。一夜过去，水波流转，小船将他送至朋友家门前。远远望见朋友的家门在晨光熹微中安静地关闭，他却跟船夫说："咱们回去吧。"

于是，橹桨欸乃，又把他送回了家。后来，有人问他，都到了朋友家门前，为什么不去见朋友一面就回家了？他说："我本乘兴而行，如今兴头已尽，自然要回家，何必一定要见到朋友才算完事？"

这便是东晋时期两位名士王子猷和戴安道的故事——王子猷雪夜访戴安道，经宿方至，却造门不前而返。

朋友之间相处随意，自然不羁，看似平淡，实则真挚。这大概就是真正的君子之交淡如水吧。

> **⊙ 教养精言**
>
> 真正的友谊是建立在互相理解和互相尊重的基础之上的，即使像水一样平淡，也能保持长久。在人际交往中，我们应该追求真正的友谊和尊重，而不是表面的亲近和刻意的迎合。

第六节　不计前嫌，心存雅量

朋友之间免不了摩擦与误解，或许是一次意见的分歧，或许是一个无意的举动，或许是一句无心的话语，都有可能引发一场风波。朋友之间的相处，不可能永远一帆风顺，关键在于经历风浪后能够不计前嫌，让过去的矛盾彻底过去，心存雅量，用宽容大度的心态面对曾经的不快，少些计较，多些谅解。即使发生摩擦，很快就能重归于好，继续并肩同行。

《世说新语》中有这样一个故事：东晋高僧支道林要回东山，当时的名士一起到征虏亭送他。其中有一个叫蔡子叔的，因为到得早，座位靠近支道林；谢万石来得晚，坐得离支道林稍微远了一点。后来，蔡子叔走开了一小会儿，谢万石为方便和支道林说话，于是坐到了蔡子叔的位子上。

等蔡子叔回来一看，鸠占鹊巢，他就生气啦，连坐褥和谢万石一起抬起来扔出去。谢万石摔在地上，差点来个脸着地、嘴啃泥、狗吃屎，头上的帽子也掉了。他慢慢爬起来，戴好帽子，理好衣裳，继续入席而坐，对蔡子叔说："你看你这个人，差点让我的脸摔伤。"蔡子叔

110

说："我本来就没有为你的脸打算。"两个人神色照常，日后也继续交往，谁也没把这件事放在心上。

这件事若是搁在一般人身上，说不定会按捺不住脸面受损的怒气，一时之间打得不可开交，甚至揪着头发互殴，就此成了大街上随处可见的笑料，俗不可耐；甚至会在某天候在阴暗的路边道口，给对方一记闷棍，让他买个"教训"……于是，事情本由一个寻常座位而起，却演变到不可收拾的地步。

心存雅量的人，更容易对过往释怀。朋友相交，要有雅量，彼此的关系，才能经得起风雨。真正的朋友之间，不会因一时的不快而斤斤计较，不会因偶尔的摩擦就轻易舍弃这段友情。不计前嫌，心存雅量，朋友之间的关系才会持久稳固，友情才会在岁月的淬炼中越发坚韧，如松柏常青，似金石永固。

⊙ 教养精言

交友前，一定要先做人，做人要做出一份淡定如水的情怀，才能因淡定而有雅量，因有雅量而能超脱，物加身而不喜，人亏己而不怨。和人交往起来，才能彼此愉悦，互相轻松——即使偶有冲突，也必不致睚眦致怒，反目成仇。

第十章

淡泊明志，宁静致远

　　淡泊，是知足常乐的豁达，是进退有度的从容；宁静，是心怀赤诚的纯粹，是坦荡无私的安然。不为得失所困，方能看清内心真正的方向；不为浮华所惑，方能走得更稳更远。

第一节　赠人玫瑰，手有余香

赠人玫瑰，手有余香。我们与人为善，在帮助别人的同时，自己的内心也会越发光明、温暖。

在绍兴蕺山附近，有一座历史悠久的桥梁，名为"题扇桥"。它因一段流传千古的佳话而闻名遐迩。

东晋时期，大书法家王羲之任会稽内史时，出门常常路过蕺山街上的一座桥。

一日，王羲之无意间看到一位年迈的老婆婆在桥上摆摊卖扇子。老婆婆的扇子是用细薄的竹篾编制而成的，颇为精巧，但是买扇子的人寥寥无几。老婆婆愁容满面，眼中满是无奈与辛酸。

王羲之见状，走上前去，与老婆婆攀谈起来。在得知老婆婆家境贫寒，全靠卖扇子为生后，他笑着对老婆婆说："老人家，我来帮你。"说着，他拿起几把扇子，挥毫泼墨，在每把扇子上都题写了几个字。

老婆婆不明所以地看着王羲之，王羲之则对她说："老人家，你现在只要对人说扇子上的字是王羲之写的，每把扇子至少能卖一百钱。"

老婆婆半信半疑地试了一下，这些题有王羲之墨宝的扇子很快就被抢购一空。消息传开后，人们便把老婆婆卖扇子的那座桥叫作题扇桥。

这个故事体现了王羲之慈悲为怀、热心助人的高尚情操。如今，题扇桥依旧静静地矗立在蕺山附近，见证着岁月的变迁。

> ⊙ **教养精言**
>
> 面对需要帮助的对象，我们应当心怀善意，主动相助。对世界温柔以待，在温暖他人的同时，我们也温暖了自己的心。

第二节 少年辛苦终身事，不向光阴惰寸功

唐诗有云："劝君莫惜金缕衣，劝君惜取少年时。有花堪折直须折，莫待无花空折枝。"我们要珍惜光阴，尤其是少年人更要珍惜光阴。为了更加光明的前途，不努力奋斗怎么行。

范仲淹自幼好学，在书院读书的时候昼夜苦读，晚上困了就用凉水泼脸，"五年未尝解衣就寝"，"其起居饮食，人所不堪"。

大中祥符七年（1014 年），宋真宗率百官到亳州去朝拜太清宫，途径应天府，因有吉兆，宋真宗大喜，下诏升应天府为南京。

皇帝驾临，应天府热闹得不行，范仲淹的同学们都跑到街上去了，希望能一睹皇帝的真容，只有范仲淹照常念书。有人问他："你难道不想看看皇上长什么样吗？"

他回答道："书念不好，见了皇上也没什么用；书念好了，以后再见也不晚。"

元末明初，有一位名叫宋濂的学者，学识渊博，为"明初诗文三大家"之一。

他曾自述求学之艰辛：

他家贫无书，常常向人借书来读。天气寒冷，砚水成冰，他的手指也冻得僵硬，却坚持抄写，生怕不能按时将书归还。

成年以后，为了拜名师求教，他不惜跑到百里以外，神色恭谨，礼节谦顺，以诚意打动老师为他答疑解惑。

他求师之时，背着书箱，穿着破旧的鞋子，在深山大谷中奔走。深冬寒风凛冽，大雪盈尺，脚都冻裂了，回到旅店的时候，四肢都被冻僵。

他的同学们鲜衣怒马，他却缊袍敝衣，但是他丝毫不觉得不自在，因为求学路上乐趣多多，加上知识的滋味无穷，他从不在乎这些外在的物质享受。

他的苦学故事，是对"书山有路勤为径，学海无涯苦作舟"这一古训的最好诠释。

⊙ 教养精言

人生在世，在能拼搏的年纪还是不要选择躺平，否则会浪费生命和光阴；在能苦读的年纪还是不要选择享乐，否则会消磨骨气和志向。

第三节 知足称君子，贪婪是小人

"终日奔忙只为饥，才得有食又思衣。置下绫罗身上穿，抬头又嫌房屋低。盖下高楼并大厦，床前却少美貌妻。娇妻美妾都娶下，又虑出门无马骑。将钱买下高头马，马前马后少跟随。家人招下数十个，有钱没势被人欺。一铨铨到知县位，又说官小势位卑。一攀攀到阁老位，每日思想要登基。一日南面坐天下，又想神仙来下棋。洞宾与他把棋下，又问哪是上天梯。上天梯子未坐下，阎王发牌鬼来催。若非此人无限制，上到天上还嫌低。"一首《山坡羊·十不足》刻画出贪婪之人的本性。

俄国诗人普希金的《渔夫和金鱼的故事》也告诉我们，贪婪的结果是一无所获。

一个渔夫很穷，和妻子住在海边一个小破房子里。这天，渔夫钓上来一条鱼。这条鱼恳求渔夫放了它，并且说作为酬劳，自己可以满足他的愿望。

渔夫为人很厚道，就把鱼直接放生了，没有跟鱼要什么酬劳。但是，当他回去把这件事说给妻子听以后，妻子臭骂了他一顿，说哪怕是问那条鱼要一个新木盆也好，家里的木盆已经破得不像样了。渔夫只好回去向那条鱼要了一个新木盆，可是妻子更生气了，说他傻，又逼着他回到岸边，呼唤那条鱼，让它给他们一座漂亮的木房子。

于是，渔夫家的小破房子不见了，取而代之的是一座漂亮的木房子。

但是，妻子仍不满足，她又逼着渔夫去海边向鱼重新提要求——她要当个贵妇人。于是，她的心愿再次实现，成了锦衣华服的贵妇人。

妻子这次的满意只持续了几个星期，然后她对渔夫说，她要当女皇！

渔夫向鱼转述了妻子的要求，而鱼再一次实现了她的愿望。当渔夫回去后，发现妻子真的成了女皇。

让他没想到的是，过了几个星期，妻子又提出新的要求："你去告诉那条鱼，我不想当女皇了，我要当海上的女霸王，还要那条鱼亲自侍候我。"

渔夫再次走到海边，这一回，狂风大作，电闪雷鸣，海浪如山。当鱼出现后，渔夫陈述了妻子的愿望。

与前几次不一样，这一次，鱼什么也没说，只是用尾巴在水里一划，就游回海里去了。

当渔夫回去后，发现妻子坐在原来那个小破房子的门槛上，面前仍是一个破破烂烂的木盆。

> ⊙ **教养精言**
>
> 司马迁在《史记·货殖列传》中说："天下熙熙，皆为利来；天下攘攘，皆为利往。"这句话可算道出了世人为了利益而忙碌奔走的本质。《渔夫和金鱼的故事》告诉我们一个道理：如果人的心里有贪婪的欲望，那就需要用理智去约束，否则，会被欲望吞噬，最终一无所有。

第四节　志要豪华，趣要淡泊

一个人立身于世，怎能没有远大的志向呢？

志向决定了一个人一生的奋斗方向。胸无大志的人是庸人，彪炳史册的大人物无不志向高远。

当然，只有远大的志向也是不够的，还需要有头悬梁、锥刺股的吃苦精神，更需要有恬淡寡欲、不被声色犬马所迷惑的定力。

"管宁、华歆共园中锄菜，见地有片金，管挥锄与瓦石不异，华捉而掷去之。又尝同席读书，有乘轩冕过门者，宁读如故，歆废书出观。宁割席分坐，曰：'子非吾友也。'"

管宁就是志趣淡泊、不被金钱和地位迷惑的人。华歆的做法却令人失望，他未必没有远大的志向，但是太热衷于金钱和权势，这便决定了他做人的境界低于管宁。

⊙ **教养精言**

我们在确立了志向之后，还应如诸葛亮的《诫子书》中所言："静以修身，俭以养德。非淡泊无以明志，非宁静无以致远。"若是兴趣庸俗，追求声色犬马、金钱利禄，就好比一池春水被风吹皱了水面，水波荡漾，连倒映在水中的月亮都模糊不清——而这水中月，原本就是你立下的远大志向。

第五节 洗濯其心以去恶

人生如逆旅，我们日日向前行。一边走路，一边回顾；一边成长，一边自省。只有这样，才能使自己的内心更加干净，不致使人生走上歧途，无法回头。

东汉名臣第五伦为人正直，做官廉明，堪称一代廉吏。他当会稽太守时亲自锉草喂马，妻子也亲自下厨做饭，操持家务。

有人问第五伦："像你这样为人处世，可算得上是毫无私心了吧？"

第五伦说："有个朋友向我求官，送了我一匹骏马，我虽然没有收受，至今也没有介绍他担任什么官职，但每逢推荐人时，我总会想起这个人来。我的侄儿生病的时候，我一晚上起来十次去看他，看过后再睡，每次都能很快入睡；我的儿子生病时，我也一晚上十次八次地起来去看他，但看过后，心里老不安稳，整夜睡不着觉。这样看来，能说我这个人毫无私心吗？"

其实，越是像第五伦这样承认自己有私心，时时自省，越是私心轻微。而懒得自省的人，心上的灰尘越积越厚，迟早有一天，会连本心都找不到。

> ⊙ **教养精言**
>
> 做人一定要学会自省。曾经说过的话、做过的事、冒出来的念头、犯过的错误、取得的成绩，如此种种，都需要拿来在心中默默地咀嚼、思量，以求在将来的日子里，能够避免曾经犯过的错误，而把自己的长处发扬光大，能够拂去心上的尘埃，以求心性光明。

第六节　凡事当留余地，得意不可再往

知人不必言尽，责人不必苛尽，才能不必傲尽，锋芒不必露尽，有功不必邀尽，得理不必争尽，有福不可享尽。凡事当留三分余地，得意不可忘形。

春秋末年，战乱频仍，诸侯争霸，天下局势动荡不安。有一位智者以卓越的军事才能和长远的战略眼光，书写了一段传奇。他，就是被誉为"兵圣"的孙武。

孙武，字长卿，原本是齐国的一个普通士人。他自幼便对军事谋略有着浓厚的兴趣，常常研读古代兵书，钻研兵法。来到吴国后，吴王任命他为将军，统领吴军。

在孙武的指挥下，吴军屡战屡胜，先后击败了楚国、越国等强敌，使吴国一跃成为春秋时期的霸主之一。

就在孙武功成名就、权势显赫之时，他却做出了一个出人意料的决定——归隐。他放下一切，去追求一种更为自由、更为宁静的生活。不再为吴国的对外战争出力，而是转而隐居乡间，修订兵法著作，最终寿终正寝。

他的兵法著作《孙子兵法》也流传千古，成为后世军事家们竞相研究的经典之作。孙武的归隐，不仅让他自己得以远离尘嚣、安享晚年，也让他的兵法智慧得以传承和发扬，为后世留下了宝贵的文化遗产。

孙武的功成身退是一种大智慧，他不贪恋权位富贵，在人生巅峰时刻主动退席，避免了"鸟尽弓藏，兔死狗烹"的下场。

武则天晚年宠幸张易之兄弟，张氏兄弟恃宠生娇，胡作非为，连带着他们别的兄弟也横行霸道。有一年，张昌期在万年县大街上纵马，有一个女人也走在路上，后边跟着她的丈夫和孩子。张昌期就用马鞭去拨那个女人的头巾，女人骂他无赖，他干脆命令奴仆把女人横在马上驮走。女人的丈夫到处告状，妻子也没有被放回来。

结果到了张氏兄弟败落的时候，张昌期、张昌仪等人都与张易之、张昌宗一道被枭首示众。

⊙ 教养精言

真正的聪明人，做事一定留有余地，懂得适可而止，否则必定招来祸患。所谓"水满则溢，月满则亏"，说的就是这个道理。有的人一旦人生得意，就得意忘形，不懂得见好就收。越是这样，败亡得就越快。

第七节　投我以桃，报之以李

"投我以桃，报之以李"是《诗经·大雅·抑》中的名句，昭示着一个人的教养。它告诉我们，在生活的道路上，我们要学会感恩，不要忘了那些曾经帮助过我们的人。

韩信，西汉开国功臣，为西汉王朝的建立立下了赫赫功劳。但年轻时的韩信曾潦倒不堪。

有一段时间，韩信穷得连饭都吃不上。为了充饥，他只好去河边钓鱼。这时，有一群帮人家洗衣服布匹的妇女（漂母），刚好来到河边洗衣服布匹。其中一位老妇人见韩信可怜，每天将自己的那份饭分成两半，留给韩信一半，就这样毫无厌倦地救济了他很长时间。韩信非常感动，对老妇人说："我将来富贵了，一定要重重地报答你老人家！"老妇人却说："我给你饭吃，是看你实在可怜，不是图你报答！"

陈胜、吴广起义后，韩信先投项羽，不被重用，后投刘邦。韩信为刘邦死命血战，最终平定天下，被封为楚王。

韩信衣锦还乡，找到当年的老妇人，报以千金。老妇人付出的虽然只是疏食粗粝，但那恩情已深如大海、重如高山。

韩信对老妇人的"一饭之恩"报以千金，生动诠释了"投我以桃，报之以李"的深厚蕴意。

⊙ **教养精言**

知恩图报，不仅是一种美德、一种心态，更是一种教养。受人滴水之恩，当涌泉相报。感恩，不仅是对他人善意的回应，更是对自己人格的完善。懂得感恩与回报，人与人之间的真诚和温暖才得以传递，从而构筑起坚固的人间温情长城。

第十一章

涵养大格局，胸怀家国情怀

家国情怀，是血脉里流淌的信仰。坚守赤子之心，铭记历史使命，肩扛时代重任，方显人生大格局。

第一节　炎黄涿鹿擒蚩尤，华夏九州始流传

我们中华民族有着悠久的历史文明的传承，前人为我们开天辟地，我们为后代子孙继续砥砺前行。回顾历史，能够看到滔滔长河，文明璀璨。

相传，伏羲是人类文明的始祖之一。他看见蜘蛛结网捕虫，就发明了网，教会部众结网捕捉鱼虾；他还教人们用火把食物烤熟后再吃，从此人们告别了只吃生冷食物的日子，享受到香喷喷、热气腾腾的熟食；而且，他还教人们驯养捕捉到的野兽，渐渐地，有些野兽就被驯化成家畜。

此外，伏羲还仰望天、俯视地，根据天地间阴阳变化之理，创造了八卦，后人称之为"伏羲八卦"；他还创造了文字，替代了人们在绳子上打结记事的方法。

伏羲所处时代约为旧石器时代中晚期，他是中国古籍中有明确历史记载的王。他的贡献不只是对当时社会的发展起了巨大的推动作用，而且成了中华文明的源头。

蚩尤曾和炎帝大战，把炎帝打败了。于是，炎帝与黄帝联合起来和蚩尤开战。

相传，蚩尤率领着他的八十一个兄弟，带领大军和黄帝争天下，在涿鹿一带展开激战。蚩尤善使刀、斧、戈，勇猛无比。黄帝就请来天神助阵，直杀得天昏地暗、血流成河。蚩尤最终被黄帝所杀，黄帝斩下蚩

尤的头颅葬下，蚩尤的头颅化为血枫林。

后来，黄帝尊蚩尤为"兵主"，也就是主战争的神明，并且把他的形象画在军旗上，用来鼓舞自己的军队。

黄帝活着的时候，给天下万民谋福利；他死后一百年，余威仍在，百姓还像听到他亲自发布的命令一样行事；又过了一百年，人们渐渐忘了他，但是仍旧在用他教导的方法生活。

西方神话中洪水灭世，诺亚方舟装载生命的火种躲避洪水；而我们面对灭世级别的大洪水时，是由禹领导大家一起治水。

那是舜执政的时代，禹就行走在浩渺的洪水中，行走在广阔的大地上，行走在起伏的群峰间。他带着测量工具，一路测度地形高低，规划水道走向。治水的民工跟在他的身后，他们挥汗如雨，把洪流一步步引入大海。

禹在野外奔波，有三次经过自己的家门却没有进入。

一晃眼，十三年过去了。在禹的引导下，洪水渐渐流入大海，平原上渐渐种起了庄稼，人间又开始焕发生机。禹的名气传遍中原大地，人们开始称他为"大禹"，因为他是"伟大的禹"。

> ⊙ **教养精言**
>
> 我们的历史源远流长，我们的历史波澜壮阔。虽然我们的历史里有神话传说的成分，却蕴含着生民救亡图存的伟大抗争精神。了解历史，就长出了根骨，每多了解一些，就会对我们的民族更热爱一分。

第二节　仰观宇宙之大，俯察品类之盛

从古至今，一直有人在思考人生大事，把目光投向宇宙洪荒。王羲之在《兰亭集序》里就说："夫人之相与，俯仰一世。或取诸怀抱，悟言一室之内；或因寄所托，放浪形骸之外。虽趣舍万殊，静躁不同，当其欣于所遇，暂得于己，快然自足，不知老之将至。及其所之既倦，情随事迁，感慨系之矣。向之所欣，俯仰之间，已为陈迹，犹不能不以之兴怀。况修短随化，终期于尽！古人云：'死生亦大矣。'岂不痛哉！"

世界之大，大得让人穷尽一生也难以得窥全貌。感谢现代科技，我们可以较之前人看到更多、知道更多、理解更多。面对纷繁复杂的大世界，现在我们需要的是能够将其容纳的大胸怀。

中华文明本身就具有极强的包容性，如同广袤无垠的江河，汇聚了众多支流而更显壮阔。自古以来，我们便以"海纳百川，有容乃大"的胸襟，接纳了来自四面八方的民族、文化与思想。

以丝绸之路为例，它不仅是一条贸易之路，更是文化交流的桥梁。沿线各国商贾往来，带来了奇珍异宝，也带来了异域的文化与宗教。自佛教传入中国以来，与中国本土的儒道思想相互融合，形成了独具特色的中国佛教文化，这便是中华文明包容性的生动体现之一。

此外，历史上多次的民族大融合，使得各民族在共同生活中相互学习、相互影响，从而促进了文化的多样性和统一性。中华文明正是在这样的交流与融合中，不断地发展壮大，展现出独特的魅力和强大的生命力。

现在，这种包容和融合一如既往。

一个伊拉克网红来中国十年，他录制了不少在中国吃美食、享受和平安宁快乐时光的视频。有人问他："有没有在伊拉克或者叙利亚的朋友看到你的视频以后，会说想来中国？"

他回答："我认识的都不在了，战争的原因，没了。我特别希望他们还在，我就可以想办法让他们来。我特别羡慕中国朋友，有的时候在桌子上说：老王，这个是我们一起长大的……我真的很羡慕。"

在这个视频下面，有网友评论：

"（看了这个视频）我才知道什么是爱国，我才知道我有多爱国。我爱你——我的祖国。"

"庆幸我们生长在最好的国家、最好的时代。"

……

是的，世界很大，而辽阔的中国是我们的家。

⊙ 教养精言

中国幅员广阔，世界更是幅员广阔，哪怕我们居于一隅，也要心怀祖国、心怀世界。知道世界那么大，心就宽了；知道遥远的地方炮火纷飞，而我们安享太平，我们就会对眼下的幸福生活更加珍惜，对我们的国家更加热爱。

第三节　祖国啊，母亲

我们生在中国，我们也被国家厚爱着。

网上流传着一则视频，记录了 2011 年震撼世界的利比亚撤侨，这是中华人民共和国成立以来，迄今最大规模的一次撤侨行动：

2011 年 2 月 16 日，利比亚局势动荡不安。2 月 18 日，驻利比亚的中资公司遭遇袭击，在利比亚的三万多名中国同胞的人身安全受到严重威胁。外交部紧急部署撤侨准备工作。

2 月 22 日，希腊政府同意作为中转站帮助中方撤侨。中国政府立刻宣布，国家将不惜一切代价迅速让所有中国民众从危险中撤离。

自 1949 年以来，我国最大规模的海陆空联动撤侨行动从此拉开序幕。中国驻希腊大使馆租借的两艘大型邮轮从希腊帕特雷港口出发，前往利比亚班加西港。

按原计划，第一批撤离的四千多名中国公民将于 23 日晚上抵达希腊克里特岛。然而由于利比亚境内动乱持续升级，邮轮在利比亚港口外滞留了十几个小时。2 月 23 日下午，中国租借的首批邮轮终于开进利比亚港口，成为最早到达利比亚的撤侨船只。

两艘邮轮抵达码头后，跟船的两名使馆工作人员迅速引导现场中国公民上船。撤离工作十分迅速，奥林匹克冠军号船长惊讶地说：我不知道他们是怎么组织工作的，一个多小时让几千名中国人登船，看得出中国人的撤离，是很有组织和纪律性的。

同时，一百多辆大巴正在希腊港口排队等候。经过十几个小时的颠簸，第一批撤离的四千多名中国公民终于抵达希腊克里特岛。船上的乘客齐声高呼祖国万岁。

然而他们所有人都没有签证，而且大部分人没有护照。中国驻希腊大使馆立即和希腊政府交涉，在希腊政府的特别许可下，没有身份证明的中国公民快速进入希腊境内，这种特例在希腊的外交史上绝无仅有。

首批四千多名中国公民很快被分散到了克里特岛。2月26日，希腊的两艘邮轮再次返回，将第二批八千多名中国公民送到克里特岛，此时克里特岛上的中国公民达到了一万多人。就在同一天下午，中国政府派往希腊的第一架撤侨包机抵达克里特岛。

在希腊撤侨工作紧张推进的同时，埃及、突尼斯、马耳他等中转地的撤侨工作也在快速展开。国航、东航、海航、南航等航空公司每天多个架次奔赴撤侨中转地，执行撤侨任务。

2月28日，经中央军委批准，空军派出四架飞机飞往利比亚。3月1日，搭乘最后两千多名中国公民的希腊商船从利比亚出发，远在亚丁湾执勤的"徐州"号导弹护卫舰奉命长途奔袭两千多海里为转运中国公民的船只护航。"徐州"号派出的直升机在希腊商船的上空盘旋，船上的中国公民集体举起五星红旗，向"徐州"号官兵致敬。

3月2日，海上撤离工作全部结束。

3月4日，最后一架撤侨包机抵达希腊，希腊中转撤侨工作圆满结束，完成了中国政府一个不留地把所有撤离的中国公民都送回国内的庄严承诺。

3月5日，利比亚撤侨工作圆满结束。中国政府海陆空联动共接回35860人，成为中华人民共和国成立以来，迄今最大规模的撤侨行动。

在世界各地，每当危难来临时，中国都会在第一时间以最快的速度接同胞回家。"中国式撤侨"享誉世界。

视频最后是充满深情的一段话："有一种自豪，叫中国式撤侨；有一种感动，叫祖国带我回家。如果信仰有形状，那一定是中国心；如果信仰有颜色，那一定是中国红。"

> ⊙ **教养精言**
>
> "古老的东方有一条龙，它的名字就叫中国……"中国屹立在世界东方，她地大物博，历史悠久，繁荣昌盛，山河壮美。她如今焕发勃勃生机，强筋健骨，正在努力维护祖国儿女和平安定的日子。她力求在各个方面做到尽善尽美，她一直在努力。

第四节　苟利国家生死以，岂因祸福避趋之

道光二十二年（1842 年），林则徐被遣戍新疆伊犁，在与家人告别时，写了题为《赴戍登程口占示家人》七律二首。其中一句广为流传："苟利国家生死以，岂因祸福避趋之。"即只要对国家有利，不论生死，也要去干，岂能因个人的祸福而趋前避后。

鲁迅先生在《中国人失掉自信力了吗》一文中如此说："我们从古以来，就有埋头苦干的人，有拼命硬干的人，有为民请命的人，有舍身求法的人。"

的确，我们从古至今，从不缺这样的人，他们是中国的脊梁。

王德民，中国工程院院士，油气田开发工程专家，中国油田分层开采和化学驱油技术的奠基人。

　　刚毕业的王德民放弃留校机会毅然奔赴大庆油田，他牵头研制出"限流压裂法"，让大庆油田地质储量猛增 7 亿吨。他还攻克了三次采油的技术难关，使石油采收率达到近 60%，国际领先。

　　他还因超高的颜值而被网友称为"中国最帅院士"。但对他来说，颜值是最不值一提的标签。如今，八十多岁的王德民院士仍一心搞科研。他说："我可能就是'花岗岩'脑袋吧，就认定了一定要尽量让我们国家的石油更多，一直这样，我没改过……我得了这些荣誉的时候，我还正在研究别的（科研课题），我没时间再考虑（荣誉），我更兴奋的是找出路子……"

　　一则小视频里，没有真人出镜，只有一声声烈士姓名和全体雄壮的齐声答"到"：

　　肖思远（卫国戍边英雄）：到，到，到! 陈祥榕（卫国戍边英雄）：到，到，到! 毛景荣（消防战士）：到!

　　王伟（海空卫士）：到，到，到!

　　杨根思（特级战斗英雄）：到，到，到! 黄继光（特级战斗英雄）：到，到，到! 王杰（英雄班长）：到!

　　——英雄已经远离了吗? 不，英雄从未远离。我们就是他们，我们"到"，也是他们"到"。

⊙ 教养精言

　　生而为中国人，我们能做到的最大、最好的教养，就是热爱自己的国家，并为自己的国家多做贡献。爱国就是我们的信仰，也是国家的力量，更是民族的希望。

第十二章

仁义礼智信——中国人的教养密码

仁以爱人，义以爱国，礼以重序，智以兴邦，信则长久。中国人的教养密码，即在"五常"。

第一节　仁以为己任

在《论语·泰伯章》中，曾子说："士不可以不弘毅，任重而道远。仁以为己任，不亦重乎？死而后已，不亦远乎？"意思是：作为一个士人，不能没有宽广恢宏、勇毅坚强的品质，因为自己责任重大，而前路十分遥远。把实现"仁"作为自己的责任，这难道不是使命重大吗？为之奋斗终生，死而后已，难道不能行稳致远吗？

由此可见，一个"仁"字，是多么重要，在古人先贤看来，又是多么难以实现。

南北朝时期，有个叫李士谦的人，家境非常富有，为人十分慷慨，常常为人纾危解困。

有一年春荒，许多人的家里都断了粮，李士谦就拿出自家一万石粮食，借给乡亲们渡过难关。乡亲们对他感激涕零，纷纷承诺待秋季丰收时一定偿还。

然而，天公不作美，到了秋天，粮食产量并未如预期般大幅增长。那些借粮的人家，面对李士谦的债契，心中充满了焦虑与无奈。

就在这时，李士谦召集所有借粮的同乡，摆下了一桌丰盛的宴席招待乡亲们。乡亲们虽然心中忐忑，但盛情难却，还是硬着头皮参加了宴席。

酒过三巡，菜过五味，气氛渐渐变得热烈起来。李士谦见时机已到，便拿出那些债契。一时间，宴席上的气氛凝固了，所有人都屏住了呼吸。

　　然而，李士谦接下来的举动出乎所有人的意料。他缓缓地将那些债契一张张地投入火中，直到最后一张也化为灰烬。然后，他站起身来，笑着对大家说："大家的债务了结了！"

　　这句话如同春风吹过心田，让在场的每个人都感受到前所未有的温暖。他们知道，李士谦这样做，不仅是对他们的宽容与理解，更是对他们未来生活的鼓励与支持。

　　第二年，终于迎来了一个风调雨顺的好年景。粮食大丰收，那些曾经借粮的同乡们，主动推车挑担，将自己家丰收的粮食送到李士谦家，想要偿还那笔早已被李士谦付之一炬的债务。

　　然而，李士谦坚决拒绝了他们的好意。他说："哪有什么债务？去年不是都了结了吗？你们的心意，我领了。但这些粮食，你们还是拿回自己家去吧。"

　　乐善好施的李士谦去世时，超过一万人为他送葬，哭声惊天动地。

⊙ 教养精言

　　仁，不但是一个国家的治国纲领，也是一个人的行事准则。仁，不是没有原则地做"烂好人"，而是在力所能及的时候给予别人帮助。中国人的血脉基因中素来有"仁"的因子，它随时随地可以被激发，随时随地可以以身作则，挥洒仁爱之光。

第二节　当仁不让，仁者仁心

辛公义，隋朝一位文武双全的大臣，因参与灭陈之战而声名鹊起。开皇九年（589 年），他被任命为岷州刺史。

岷州百姓穷苦，疫病流行，一旦有人染病，家人便纷纷躲避，哪怕是至亲之人，也无人照看。辛公义目睹此景，决心改变这一现状。

他派遣专人巡视州境，一旦发现被遗弃的病人，便将其抬至州衙。盛夏或疫病高发时，州衙内病人多达数百，廊道被堵得水泄不通。辛公义在州衙内设卧榻，日夜处理公务，同时将自己的俸禄全部用于为病人请医买药。他耐心与病患交谈，劝其进食，精心照管之下，绝大多数病人得以康复。

当这些病人重获新生，辛公义便劝诫前来接人的家人："你们都看见了，我终日坐卧在此，若是他们的病会传染，那我不就死了吗？他们也不会好起来！从今以后，你们不要再相信过去那些说法。"患者的家人深感羞愧。

自此，岷州百姓一改陋习，再遇病患，皆不再躲避，而是请医救治。辛公义这位爱民如子的刺史，被州民亲切地称为"慈母"。

"当仁不让"是仁者的行动力，"仁者仁心"是行动的内驱力。仁者，不仅要有悲天悯人的胸怀，更要有挺身而出的勇气。唯有在担当中磨砺，仁心才不会流于空谈。唯有仁心与担当并重，才能成就真正的善治与大同。

仁爱，是中华民族的传统美德。在一个充满仁爱的社会中，人们更愿意相互帮助、共同进步，从而形成积极向上的社会氛围。我们应该倡导和践行仁爱精神，让它在我们的日常生活中生根发芽、开花结果。

> ⊙ **教养精言**
>
> 　　我们都熟悉一个成语"当仁不让"，它出自《论语·卫灵公篇》："当仁，不让于师。"意思是遇到应该做的事情时，不要犹豫不决，即使老师在身旁，也要抢着去做。这里的"应该做的事情"，即指"仁"。待人宽仁，可以促进人际和谐，让社会更美好。

第三节　舍生取义

　　"鱼，我所欲也；熊掌，亦我所欲也。二者不可得兼，舍鱼而取熊掌者也。生，亦我所欲也；义，亦我所欲也。二者不可得兼，舍生而取义者也。"这是《孟子·告子上》中说的人处于人生十字路口时的艰难选择。生命如此宝贵，舍生取义无疑是一种极大的牺牲，然而，不断有仁人志士为了国家大义、民族兴盛而舍生忘死。

　　光绪二十四年（1898年），戊戌六君子在菜市口英勇就义，其中就包括谭嗣同。谭嗣同是变法的主将之一，在被捕之前，他本有机会逃生，但他毅然选择了放弃。

　　梁启超劝他一起去日本避难时，他坚定地说："不有行者，无以图将来；不有死者，无以酬圣主。"后来又有人劝他逃走，他更是慷慨陈词："各国变法，无不从流血而成，今中国未闻有因变法而流血者，此国之所以不昌。有之，请自嗣同始！"他被捕后在狱中的墙壁上题写了一首诗："望门投止思张俭，忍死须臾待杜根。我自横刀向天笑，去留肝胆两昆仑。"

——张俭是东汉人，因弹劾残害百姓的宦官而被迫逃亡；杜根也是东汉人，因上书要求邓太后还政于皇帝而险些被害致死。谭嗣同以此二人为榜样，决心做出同样舍生取义的事。

于是，他和其他五君子一起被押赴刑场。行刑前，谭嗣同高声呼喊："有心杀贼，无力回天；死得其所，快哉快哉！"言罢大笑，英勇就义。

戊戌变法虽然失败了，谭嗣同舍生取义的精神却永载史册，激励着一代又一代人。

> ⊙ **教养精言**
>
> 当人生面临重大选择时，总有仁人志士选择利国利民而舍生忘死。这是最伟大的人性光辉，也是最光彩的教养体现。他们用自己的行动诠释了"义"，成为我们学习的榜样。

第四节　不学礼，无以立

礼在中国古代是维护社会等级制度的礼节仪式与行为规范，而在现代已经成为人与人之间相处的互相尊重的规条。

孔子说："人而不仁，如礼何。"又说："克己复礼为仁。"可见两者是互相依存的，仁是主观修养，礼是客观规范。所以，礼不是让人透不过气来的繁文缛节，而是礼貌和教养。

文明礼仪是一个人平时就应养成的良好言行规范。我国素以"礼仪之邦"而闻名于世，历来注重文明礼貌。文明礼仪是我们中华民族的优良传统，今天，我们更要继承和发扬这一优良传统，做一个讲文明、懂礼貌的人，让文明礼仪之花处处盛开。

礼仪是塑造个人形象的重要手段，也是个人素质教养的外在体现。良好的礼仪气度，可以给他人留下深刻而正面的印象。而有些人毫不重视文明礼仪，甚至在公共场所做出种种无礼、无教养的行为，中国人的"礼"完全被他们抛诸脑后，让人见了都替他们脸红。对那些不守礼的行为，我们要引以为戒，并从身边的点滴小事做起，重视文明礼仪，做一个知礼、懂礼、讲礼、有教养的人。

> ⊙ **教养精言**
>
> 在古代，一个"礼"字被外化为种种复杂的流程，可能让人不胜其烦。而在现代，礼除了指日常人际交往中的礼貌、礼节之外，更体现在一个人所具备的教养上，它表现为待人平等、亲切、彬彬有礼。因此，我们绝不能拿无礼当个性，那是缺乏教养的表现。我们应该努力提升自己的修养，做到以礼待人、以礼行事。

第五节　爱人者人恒爱之，敬人者人恒敬之

请看我们国家的孩子们向中国军人敬礼、军人回礼的情景：

两队穿着校服的小学生下台阶时和正列队上台阶的中国军人相向交

错而行。学生停下，纷纷扬起手臂，向士兵敬少先队队礼；军人停下，带队的军人抬臂行军礼回敬。

一队军人列队迎面走来，几个路边的小学生高高扬起手臂行少先队队礼；带队的军人停步，转身，面向小学生，立正，抬臂行军礼回敬。

少先队队礼告诉你：我崇拜你；军礼告诉你：我保护你。

一队军人行进在路上，路边两个小萌娃像模像样地抬臂行礼致敬，带队的军人回以军礼。

镜头一转，一个只有五六岁的小男孩站在路边，对着走过来的一队军人高高扬起手臂行礼致敬，带队的军人还以郑重庄严的军礼。

夜色中，一个三四岁的小女孩走到正在站岗的哨兵身边，抬臂行了一个军礼，哨兵转身、立定，面向她抬臂回以标准的军礼。孩子的妈妈说："她收到回礼，开心了一个晚上。"

当一个小男孩在阳光下向着武警哨兵战士同样扬起手臂敬礼的时候，他也同样收到了哨兵战士庄严的回礼——敬礼是信仰，回礼是希望。

当我们的小孩走在路上，看到行驶在路上的军车车队时，他们也会停下脚步，抬起小小的手臂，庄严郑重地敬礼，小小的身躯笔直站立，车队官兵鸣笛回礼。

甚至有一个两岁的萌娃都跑去给正在值勤的军人敬礼，而军人看到他踉跄着奔来，也转向他，抬起手臂，向他庄严回礼。

当军人持盾而行，一个萌娃挣脱了妈妈的手，向军人叔叔敬礼，带队的军人叔叔身穿迷彩服、脚蹬军靴，郑重地向他回礼。

一个穿粉色衣服的小女孩站在路边，向一队拉练的军人叔叔敬礼，军人叔叔也回礼致意。

一个大约一岁的小娃娃把手举到太阳穴处，向着行驶来的军车车队致以他最干净纯粹的礼仪，车队官兵以鸣笛的方式回礼。

外国网友纷纷评论：

这是一个伟大的国家和人民，他们相处得非常友好。

我看到了这些小孩对他们国家的军人的信任和崇敬。

我真羡慕他们有这样的军人保护着。

这些中国小孩真可爱真懂事。

……

这些小孩为什么要向军人敬礼，并且军人也会向他们回礼呢？大概是因为爱人者人恒爱之，敬人者人恒敬之吧。

> ⊙ **教养精言**
>
> 一边是我们的幼苗和希望，一边是我们的钢铁城墙。当他们互相敬礼的时候，能真切感受到他们通过敬礼的手势所表达的军民鱼水情，感受到中国人的万众一心。

第六节 行智事，做智者

"仁义礼智信"可谓儒家"五常"。原本孔子提出的是"仁、义、礼"，孟子将其延伸为"仁、义、礼、智"，再由董仲舒扩充为"仁、义、礼、智、信"。这"五常"塑造了中国人的坚韧、智慧、仁义。

其中，"智"既可以指崇尚知识、追求真理，又可以指智计百出、智慧超群。诸葛亮是中国历史上足智多谋的代表性人物，《三国演义》中的"七擒孟获"是一场展现他智慧的大戏。

诸葛亮大军来到益州郡后，采用离间计很快就打败了雍闿。但南方少数民族的首领孟获在兵败后趁机逃走，并收服雍闿残部，继续在南方抗拒蜀汉。马谡曾经对诸葛亮说，孟获深受当地人敬仰，最好是攻心为上、攻城为下，收服孟获方是正理。

于是，诸葛亮本着收服孟获的思路，一连抓了他七次，放了他七次。最后，孟获终于率部归顺蜀汉。

诸葛亮第一次抓到孟获，孟获表示不服："山太偏了，路太窄了，你太狡猾了，我不服！"诸葛亮说："好，我放了你，再把你抓来，你就要归降于我。"

第二次，孟获没有被诸葛亮直接生擒活捉，而是被他两个部下抓了献给诸葛亮——诸葛亮抓了那两个人后，又放了他们，他们感念诸葛亮的恩德，所以抓了孟获来报恩。诸葛亮问孟获服不服，孟获说："我不服，这是我部下抓的我，不是你的本事。"诸葛亮说："好吧，我再放你回去，咱们再来。"

孟获回到寨里，先杀了抓他的那两个部下，然后派弟弟孟优带上人马去投奔诸葛亮诈降，诸葛亮看破不说破，一通药酒款待，孟优等人都被迷倒了。等孟获带兵前来要同弟弟会合大开杀戒时，他自己也中了计。

孟获被捆到诸葛亮跟前，诸葛亮问他服不服，孟获说："我不服，这是我弟弟贪酒误事，不是你的本事。你放我回去，咱们再打，打输了，我就投降。"诸葛亮说："好。"而且连他弟弟孟优一块儿放了。

于是，孟获又挑了个"良辰吉日"，引大队士兵来跟诸葛亮决一死战。哪知道诸葛亮早就撤了，只留下空寨，诱他们入彀，最后一举擒下他们。本以为这回孟获该投降了，没想到他还是不肯投降。他对诸葛亮说："我不如你的心眼儿多，才中了你的诡计，我不服！"

　　诸葛亮说："好，我再放你回去，咱们继续打。"

　　孟获被放回去后，躲进了一个叫秃龙洞的地方，那里有四眼毒泉堵住了蜀兵的路。蜀兵如果要强过，一旦喝了毒泉里的水，就必死无疑！

　　诸葛亮按照高人的指点，解了水毒，那边孟获又被人绑了送来，原来诸葛亮怀仁，放了别的叛乱的洞主，人家感念诸葛亮的恩德，所以报恩来了。这下孟获更有理由表达不服了："非汝之能，乃吾洞中之人自相残害，以致如此。要杀便杀，只是不服！"

　　诸葛亮说："好吧，好吧，我就再放你一马。"

　　这回诸葛亮放了孟获回去，两军正式对垒，孟获的老婆祝融出马，祝融十分悍勇，抓了诸葛亮麾下两名大将；结果第二天再打，祝融被诸葛亮设计生擒，不过旋即被诸葛亮放了，以换回那两名被俘的大将。

　　孟获那边则是继续摆阵继续打，还有能人呼风唤雨、驱虎赶狼。蜀兵被吓坏了。

　　诸葛亮本来就擅长搞发明创造，对方有真兽，他就做假兽，木头身子钢铁爪，画得五颜六色的，披着五色绒线的毛衣，个头儿又大，又会喷烟吐火，倒把那些真狼真虎吓得够呛，于是诸葛亮大胜。

　　然后，孟获的妻弟押着孟获两口子和孟获一大家子宗族几百口人，都送来献给诸葛亮。诸葛亮等这几百口人来到阶下，大喝一声："给我拿下！"两廊壮兵齐出，两个捉一个，都把他们给牢牢实实地绑起来了，然后再搜身，这几百口人果然各带利刃，打算行刺诸葛亮。

　　"怎么样，"诸葛亮问，"这可是第六回了。我抓了你六回，现在你服不服？"

　　孟获说："这是我们自己送死来了，不是你的能耐，我不服。"

"好，"诸葛亮大喝一声，"去吧！再抓住你，要是你再乱找理由，我绝不轻饶你！"孟获一行人鼠窜而去。

这回，孟获去投奔乌戈国。乌戈国主带了三万藤甲兵，气势汹汹地来找诸葛亮对决。

诸葛亮计烧藤甲兵，这回，孟获又输了。即使诸葛亮放他走，他也不走了。

诸葛亮对孟获七擒七纵，使孟获铁了心地服了，踏踏实实地服了。

诸葛亮南征之后，"终亮之世，夷不复反"。

⊙ 教养精言

做事不能仅凭一腔孤勇，也不能只靠脑中才学，而是要两相结合，以仁打底，以礼为规，以智慧面对层出不穷的种种情况。只有这样，才能求得一个圆满的结果。

第七节　人而无信，不知其可

人们之所以把消息的传递称为"信"，就在于"信"的字义是可靠。因为可靠，才会可信。正因为"信"的重要性，孔子才将"信"列为"五德"之一。

有个商人坐船落水，商人呼救，一个渔夫听到呼救声而来，商人许诺渔夫一百两金子。可是当渔夫救了他以后，他却毁诺，只给了渔夫十两金子，并且说："你不过是个打鱼的，一辈子也赚不了多少钱，今天你一下就赚了十两金子，还不知足吗？"渔夫悻悻而走。后来，商人再次落水，有人准备搭救，商人再次叫出高价，上次救了商人的渔夫正好也在场，他备陈前事，路人纷纷走开，商人溺水而亡。

商人言而无信，付出的是生命的代价。

战国时期，商鞅欲在秦国推行变法，摆在商鞅面前的首要难题是怎么得到民众的信任和支持。

这天，商鞅让人在秦国的都城南门立了一根木头柱子，然后对众人说，谁能把这根木头柱子搬到北门，便赏十金。

商鞅让人在南门贴了告示，又敲锣打鼓，告诉南门这边来来往往的行人：“都听好了啊，这根木头柱子，谁能把它从这里搬到北门，就赏十金。”但人们只是驻足听了一下，然后摇了摇头，就各自干各自的事去了。人们觉得怎么可能搬根木头柱子就得这么一大笔赏金，因此，过了三天，还是没有人去搬木头柱子。

商鞅一看，这不行，于是把赏金从十金提高到五十金。这回，围着告示的人也多了起来。有一个愣头儿青要去搬木头柱子，大家都笑他傻。

等这个愣头儿青吭哧吭哧把木头柱子搬到北门去以后，他真的拿到了赏金，捧着五十金，乐颠颠地回了家。

这下人们激动起来了：“他真的搬一根木头柱子就得了五十金？”“什么？原来官府不是骗我们的？”

人们一传十，十传百，都知道官府是讲信用的，是说话算话的。变法的施行就大大减少了阻力。

商鞅徙木立信，树立起秦国朝廷言而有信的形象，成为变法的突破点，最终使秦国通过变法强大起来，为秦国将来兼并六国奠定了基础。

⊙ 教养精言

《道德经》中有这样一句话："夫轻诺必寡信，多易必多难。"用现在的话说就是：人不要对自己没把握的事情轻易许诺，能够轻易答应他人的请求，并给他人承诺的人，必定是个很难信守承诺的人。把事情看得很容易，真正做起事情时必定会遇到许多困难。从《道德经》中，我们也可以看出信守承诺的重要性。